成长的烦恼，
跟心理老师聊聊

情绪篇

青年文摘杂志社　编著

中国青年出版社

果麦文化 出品

CONTENTS 目录

01. 被焦虑困住了，怎么办？ ———————————— 001
02. 找不到人生的意义，怎么办？ ———————————— 010
03. 成绩一般，相貌平平，我很自卑，怎么办？ ———— 019
04. 很容易害羞，怎么办？ ———————————————— 026
05. 害怕拒绝别人，怎么办？ —————————————— 033
06. 别人一批评我，我就忍不住要发脾气，怎么办？ — 039
07. 如何对付孤独？ ——————————————————— 046
08. 如何克服面对人群的紧张情绪？ —————————— 052
09. 为什么我总是闷闷不乐？ —————————————— 060
10. 总爱幻想一些不好的事情发生，怎么办？ ————— 067

11. 最近我怎么变得爱哭了?	074
12. 内向的人,如何过得更自如?	082
13. 一个男生被说"娘",怎么办?	089
14. 我总被别人带节奏,怎么办?	096
15. 为什么说青春期不叛逆才不正常?	104
16. 我长得太矮好心酸,怎么改变?	113
17. 我真的患了"提前症"吗?	120
18. 总忍不住买买买,怎么办?	127
19. 为什么别人都有梦想,而我却这么迷茫?	134
20. 遇到这种情况,我们该怎么办?	140

01 被焦虑困住了，怎么办？

老师：

　　您好！

　　我就要上高中了，看到许多关于被孤立、嘲笑、霸凌的文章，心里不免担心起来。我长得不好看，还有点儿胖，很焦虑自己会遇到这些不好的事。家人觉得我太多虑了，可我还是很害怕。现在我的学习成绩还不错。可是听说高中课多了，知识也会难起来，我又开始害怕高中成绩下降，考不上理想的大学……各种关于高中的烦恼围绕着我，我该怎么办？

烦恼的姑娘

烦恼的姑娘：

你好！

看到你有很多的担心，在理智上你可能也知道这些担忧不一定会成真，但还是控制不住自己。别着急，下面我们就一起来梳理一下这些问题。

首先，我们来看看担心和焦虑。

担心和焦虑被人们看作负面情绪。面对负面情绪，我们本能地有两种应对方式：一种是沉溺其中，不能自拔；另一种看起来更积极，认为这些负面情绪是没用的，是不应该有的，进而用理智来说服自己。第二种办法有时会奏效，但理智稍一松懈，情绪就像沿缝漫灌的海水，汹涌而来，怎么也摆脱不掉，于是在原本的负面情绪之上又叠加了沮丧、无助和自责。如此一来，诸多的负面情绪就像一团乱麻，把人困在其中，动弹不得。

当我们陷入情绪的泥沼时，就要提醒自己：既不要认同情绪，也不要和它对抗，而是拉开一点距离，好好地观察观察它，看看它在对你说些什么。

情绪像一个信使，它往往是来提醒和保护我们的。即使是负面情绪，也有它的意义。比如担心和焦虑，它就在向我们传递一个信息：注意注意，未来你可能会面临一些风险和问题，需要早做准备了！

如果你从这个角度来解读负面情绪，是不是感觉会好一些？好像它也不是那么可怕、那么胡搅蛮缠了。

所以，下一次，当你又陷入负面情绪时，别沉溺，也别急着逃避，把它当成一个好心的信使，用心体会：这些提醒，有没有可能发生？发生的概率有多大？如果很可能发生，我们可以怎样应对？

在这里，我向你推荐一个方法——"格子理论"。这是一个女孩分享给我的，是她增强自信心的法宝，我觉得在很多事情上也适用。

这个女孩出生在偏远的大山里，个头不高，其貌不扬。从先天条件来说，女孩在各个方面都不占优势。但她靠着努力学习，考进了一线城市的大学。在新环境里，她发现自己很多事情都不懂不会，和同龄人相比差了很多。按理说，这会非常打击一个人的自信心，觉得自己什么都不够好，甚至从此一蹶不振。

女孩却没这么想，她在心里画了很多小格子，把自己欠缺的技能、不足的地方一一列出，把每一项放进一个小格子里。接下来的几年里，她就一个格子一个格子地去提升。她长得不漂亮，就去学化妆，突出自己的优势。她个头儿不高，就去健身，把身材练得紧致健美。她想去国外看看，就狂练英语，还结识了很多外国朋友。她在和外国朋友接触时发现，自己的知识面不够宽，和别人缺少共同话题,就去学习艺术鉴赏,掌握一两项擅长的技能。

当这些空格子一个个被填补上之后,她也在不知不觉中发生了蜕变。我再遇到她时,她站在演讲席上侃侃而谈,从形象到谈吐,整个人散发着自信的光芒,台下几百人都被她的魅力所吸引。而她也如愿看到了更大的世界,还在联合国的讲台前发表了演说。

我很欣赏她的格子理论。它的底层逻辑是成长型思维：认为人的智力和能力不是固定不变的，可以通过后天的努力来提升，把遇到的困难当成挑战，把对人的评判转变成解决问题的动力（我不够好——我只是有些事情还没有做到），把模糊的情绪落实到解决具体的问题（我很焦虑——我焦虑的是什么，对此可以做些什么）上，把巨大的任务拆解成细小的单元。这样，就可以有效地减轻焦虑，增强行动力，及时获得积极反馈。

知识便利贴

成长型思维与固定型思维有什么区别？

成长型思维模式是斯坦福大学心理学教授卡罗尔·德韦克博士提出的，她将人的思维方式分为两种，一种是成长型思维，一种是固定型思维。在她看来，一个人拥有成长型思维，将乐于接受挑战，并积极地去扩展自己的能力，而这也是未来发展最需要具备的能力。

当你对未来有很多焦虑时，不妨试试格子理论。列出你所担心的具体问题。不要泛泛地想，而是把它们列出来，越具体越好。然后逐一去研究，看看每个问题中哪些方面是自己可控的，针对可控的一面，自己可以做些什么——

问题：身材有点胖 应对：注意饮食，多锻炼，瘦身	问题：担心成绩下降 应对：提前预习，改进学习方法	问题：担心被孤立 应对：学习人际交往技能，每日复盘
问题：长相一般 应对：找到自己的优势，凸显优势	问题： 应对：	问题： 应对：
问题： 应对：	问题： 应对：	问题： 应对：

长得一般？相貌是天生的，但我们可以学会扬长避短，突出自己的优势。

长得有点儿胖？身材是可控的，我们可以多运动，注意饮食，让体形变得更好。

担心成绩下降？那就不妨提前学一些，平时认真学习，改进学习方法。

担心被孤立、霸凌？那就多学习一些人际交往的技能。和同学日常交往后多复盘，看看哪些地方可以改进。还可以提前预想一下，如果同学嘲笑自己，可以怎样不卑不亢地应对。

你看，当我们把这些担心的事一一列出来，一一找到应对方法，是不是感觉压力小了一些，更有方向感了？

说完具体的方法，我们再看一看更深层的"心法"。即将进入一个新环境时，大多数人都会有些憧憬，也会有些紧张，这是人之常情。但是，在你的来信中，我看到的更多是焦虑和担心。如果说焦虑是一个信使，本来前方的危险等级很低，稍稍提醒你就可以了，它却拿着大喇叭冲你大喊大叫，好像前方会有致命的危险。也就是说，它的强烈程度超出了对应的危险等级。

为什么会这样？有一种可能，也许是你对自己不够自信。内心的力量弱，就会感觉外面的风险大。内在的频率低，就会对别人无意的言行、日常的小困难小挫折更敏感。

这时候，别人再怎么劝你"别担心，没什么大不了"也是没用的，你首先得让内心更强大一些。

而行动，就是增加力量感的最好办法。如何行动？

这里又可以用到格子理论。把问题细分，一段时间内专注解决一个问题，察觉自己微小的进步，每做到一点，就给自己一个大大的赞。随着格子一个个被填满，你会越来越感受到自己的行动力和掌控感，自信心也会越来越饱满。

当你找到这种感觉，你会更享受当下的生活，也会对未来的自己有更多美好的期待。

（文 / 凌想）

02 找不到人生的意义，怎么办？

老师：

您好！

我是一名大一女生，从小就乖巧、学习好，一直都是"别人家的孩子"。父母和老师对我很好，周围的人也对我赞誉有加。表面看起来，我的生活很平静，也很幸福。

但我却总是开心不起来，和同学们在一起时，我时常感到很孤独。我羡慕其他同学有属于自己的兴趣和爱好，有时候听她们聊起自己的理想时，我感到很迷茫，我不知道自己是谁，也不知道自己想要什么。每天的学习和生活都似乎与我无关，我甚至不知道自己为什么要活着。这种感觉就像漂浮在茫茫大海上的孤舟，空虚、孤独、无力、恐惧。我怕自己会一直这样下去，我想让自己开心起来，却不知道可以怎么做。

请问老师，我是生病了吗？我该怎么办？

迷茫的小L

小L同学：

你好！

看了你的来信，我忍不住在脑海中勾勒你的模样。我猜，你应该是一个学习认真、性格恬静的女孩。你很善于反思，对生活和未来有很多思考，目前有些困惑和迷茫，只是暂时没有找到答案。哲学家苏格拉底曾经说过："未经审视的人生是不值得过的。"从这一点上看，你的迷茫正是你通往更有意义人生的必经之路。

在回答你的问题前，我想先给你讲一个一只玩具瓷兔子的故事。这只兔子名叫爱德华，它集万千宠爱于一身，却对周围所有的人和事都无动于衷，因为它的心是空的。由于一次意外，爱德华被扔到了海底，后来被一张渔网捞了上来，开启了一段奇妙的旅程。在这段旅程中，它空空的胸腔里慢慢有了不一样的感觉。它第一次感受到别人带给它的温暖，也惊讶地体会到了被人需要的幸福。当它陪着身患重病的小女孩萨拉度过生命的最后时刻时，爱德华第一次听到了自己心碎的声音……

这个故事来自一本书——《爱德华的奇妙之旅》，这是一本关于寻找爱和幸福的童话书。

空心的瓷兔子拥有很多美好，但它却体会不到幸福和快乐。这种迷茫、空心的感觉在现代人中很普遍，北京大学的徐凯文教授把它称为"空心病"。患了空心病的人，时常感到孤独、空虚，觉得自己与这个世界失去了联系。他们不知道为什么活着，也不知道活着的价值和意义是什么，他们对周围的一切都没有兴趣，也不愿意和身边的人建立亲密的联系。

为什么会有这种空心的感觉呢？空心是因为心中缺少了爱，而这份爱的背后实际上是与世界连接过程中所体会到的价值感和幸福感。父母和老师对你很好，和曾经的爱德华一样，你被爱包围着。你顺理成章地接受着这一切，只需要做个好孩子、好学生，按设定好的人生轨迹往前走就可以了。进入大学，你忽然发现原来人生并不是一条已经设计好的路。你看到原来生活和学习可以有这么多种选择，看到身边的同学都在规划自己的未来，而你却不知道自己想要什么。你不确定未来会发生什么，只依稀感觉这条路上可能会有很多困难，你感到迷茫，甚至有些恐惧。我理解你，同时也想恭喜你，正因为未来存在着不确定性，所以你的努力才会变得更有意义，等待你的也将是充满无限可能的奇妙之旅，而这正是生命存在的意义。

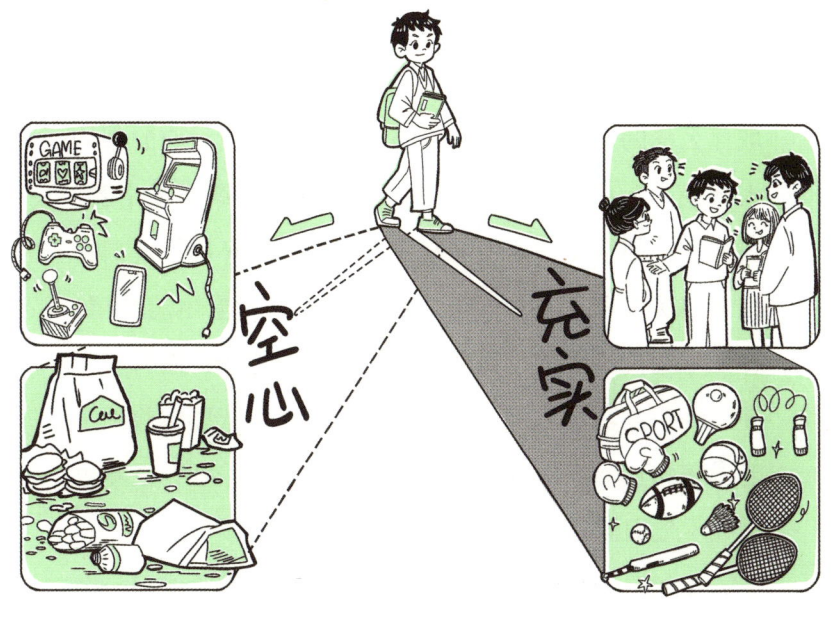

说到这里,你可能会问,究竟要到哪里寻找生命的意义?存在主义心理学认为:"我们无法寻找意义,但我们可以创造意义。"生命就像一张白纸,并不具有与生俱来的意义。我们需要在这张白纸上,创造出属于自己的独特意义。

创造意义的途径不是单一的,有三个方法你可以试一下:

一、主动接纳当下所处的境遇,并且赋予它们独特的意义心理治疗中有一种疗法叫意义疗法，它的核心思想是：在任何情况下，你都拥有选择用什么样的态度、采取什么样的行为方式来面对当下境况的自由。它的创始人维克多·弗兰克尔曾经被纳粹关进奥斯维辛集中营，在那里，他发现，即使同样身处最恶劣的环境，人们的选择也会非常不同。有些人很快便放弃了求生的欲望，在无尽的折磨面前，死变成了最容易的选择；而有些人却始终想办法让自己活下去，甚至在集中营里体验到了艺术美和自然美。为什么会产生如此大的差别？根本原因在于他们能否为痛苦和磨难赋予意义。

比如，一位狱友刚到集中营时便与天堂达成了一个协议：以他所受的苦难拯救所爱之人免于痛苦。于是，对这个人来说，苦难和死亡都有了意义。弗兰克尔也为自己找到了活下去的意义，他对自己说：如果有一天我活着走出集中营，这段难得的经历将成为我未来心理学研究中极为宝贵的资源。于是，他不再将自己只视为一个囚徒，而是一个心理学观察者，他观察着集中营里的冷漠、自卑、嫉妒和贪婪，也看到了慈悲、慷慨、幽默和乐观。正是因为这段刻骨铭心的经历和深刻的观察，弗兰克尔在被解救后，只用了9天时间，就完成了关于意义疗法的经典著作《活出生命的意义》。弗兰克尔的一生都对生命充满极大热情，67岁开始学习驾驶飞机，80岁时还登上了阿尔卑斯山。

对于象牙塔中的你来说，生活的意义又是什么呢？平静如水的日子里，青春本身也许就是意义。因为它意味着你有更多的时间和精力去感受和体验世界：坐在教室里学习时，探索未知就是意义；和同学相处时，被人需要就是意义；陪伴父母时，付出与获得爱就是意义……每一天、每件事都可以有意义，关键在于你如何定义它，这就是我们常说的"一念天堂，一念地狱"。

二、寻找一个有意义的生活目标

美国积极心理学之父塞里格曼说，所谓意义，就是致力于某些超越自我的东西，比如，信仰、使命或者自我实现。目标决定了你要往哪里走，而意义则决定了你有多大的动力和激情去实现它，或者在实现目标的过程中能否体会到幸福。

如何设定目标呢？目标源于不同的需求，需求层次不同，目标也会不同。战火纷飞的年代渴望生存和安全的人与和平年代渴望尊重和爱的人、过去专心求学的你与未来即将走入社会的你，目标一定会截然不同。比如，你曾经的目标可能是考上一所很好的大学，获得更多的社会认可。现在这个目标实现了，那么接下来呢？找一个好工作，还是继续求学深造？工作和求学的目的又是什么？为了获得财富和名誉，还是为了自我实现，抑或是超越自己个人的需要，让身边的人或世界因你的努力而变得有所不同？

人本主义心理学家马斯洛曾经提出人类需求金字塔理论，将人的需求从低到高分为五个层次。你在设定生活目标时，也可以从这五个层次出发，认真思考自己现阶段或未来的主要需求是什么，然后去设定不同层次的生活目标。

我的目标

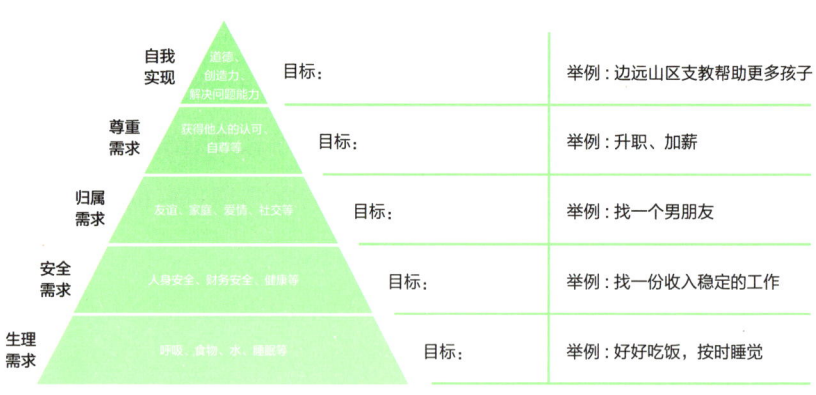

马斯洛的需求金字塔

三、与他人建立有意义的连接，在关系中建构自我

哲学家马丁·布伯认为：我们和他人会建立两种截然不同的关系：一种是"我—它"型关系，另一种是

"我—你"型关系。对于前者,世界被感知为一个"被使用的世界"。我们会把他人当作使用对象,只关注自己。而在后者中,世界是"我们与之相遇的世界",他人会被看作与自己同样独立自主的主体,我们关注关系本身,在与他人的关系中去认识自我,理解"我"是谁,"我"可以做什么。

知识便利贴

什么是关系自我?

关系自我,是指我们在与重要他人的关系中得到的关于"我是谁"这个问题的答案。自我的建构需要在关系中完善,比如,当我帮助了一个需要帮助的人,我感到"我是一个善良的人"。当我向别人微笑,而别人也向我投以微笑,我知道"我是一个受欢迎的人"……这些感觉都会融入到对自我的建构中。

在《爱德华的奇妙之旅》这本书里，我们看到曾经的爱德华被很多人爱着，但它的内心是空的，因为它的世界里只有"被使用"的外物，一切都显得毫无意义。这种空心的感觉与你信中所说的孤独、觉得学习和生活都与你无关是不是很相似？虽然很多人爱着你，但你感觉好像一切都与你无关，你与他人并没有真正意义的联结。爱德华在它的奇妙之旅中，完成了从"我—它"到"我—你"关系的转变，它开始关注他人并给予他人爱，在被需要中找到了自己存在的意义，曾经的空心最终被爱和幸福填满。

你不妨也学学爱德华，尝试将目光投向外部，看看同学们都在做什么，听听他们的故事，试着与他们分享彼此的喜悦和痛苦；和父母通话的时候，问问他们工作的感受，告诉他们你的迷茫和困扰；你也可以参加一些志愿者活动，去了解这个世界不同人的生活状态并尝试做些力所能及的改变之事。相信我，当你与这个世界真正相遇，你一定会发现一个不一样的你。

（文 / 白莹）

03
成绩一般，相貌平平，我很自卑，怎么办？

老师：

　　您好！

　　我是一个学生，在我这样的年纪，大家都开始"成人"了。有人追求钱、名牌、背景，有人特别优秀，拿着竞赛奖成了牛人，还有人早已谈起了像模像样的恋爱。而我，没有富裕的家庭，智商平平，姣好的容颜也不属于我。我自卑，但我更焦躁，急于摆脱这种爹不亲娘不爱、哪儿都很平庸的感觉。但是，我无法改变出身，成绩也不如人，所以我开始在意容貌了，盯着镜子死命地看脸上的痘痘消了没有，期盼可以瘦10斤。可是，说句实话，我不爱这样的自己，有点虚荣。可我已经停不下来了，外在的快感和内心的厌恶相互缠斗。我现在很矛盾，很迷茫。我应何去何从？

　　　　　　　　　　　　　　　　自卑又焦虑的同学

说自己自卑又焦躁的同学：

你好！

读完你的来信，我也忍不住感到有点焦虑了，就像有个小人儿（就叫他"甲"吧）跳出来跟我说："人家还会自我反省，你怎么这样了还不好好反省一下呢？你家里很有钱吗？你智商很高吗？你拿了很多奖吗？你很好看吗？……就这样你还给人家写回信呢？快点变得更好呀！"

啊，怎么办，我也想哭一下！

但是这时候，我心里又有另一个小人儿乙说话了："为什么要有富裕的家庭呀？爸妈也没亏待我呀！难道不是大部分人的智商都处于中等水平吗？我的脑子到这个程度已经够用啦！大家不都是普通人吗？拿很多奖的人太少啦！要那么好看干什么？我又不想当明星，这样更能保证学生喜欢的是我的能力、人格魅力！总之我现在就已经不错啦！"

小人儿乙说得也有道理呢，我思考了一下，决定听小人儿乙的。

其实，我们大部分人，在大多数方面都是普通的人，也难免会因为跟别人比较而产生一些自卑感，这时候，我们的想法就像小人儿甲那样，专挑自己的问题，非要找出一些不足来。这都是正常的。而大部分情况下，我们都能靠小人儿乙，也就是靠找到自己的优势和力量，来反驳小人儿甲。

只是，在你身上，那个本来应该替你说话、为你撑腰的小人儿乙，似乎力量弱了一点，反驳不了小人儿甲，也只能转向你，他好像在说："你这么在意甲的话干吗？

你怎么能这么虚荣?"就这样,你觉得又焦虑又自卑,"不爱这样的自己"、内心厌恶自己。

但是,你说的这些感受,其实都是有进取心的表现。给你出了下面这几招,希望你看完以后,感觉会变得好一点。

一、情绪上,接纳自己的消极情绪

每个人心中都有一个理想自我,也就是我们希望成为的样子。如果这个理想自我和现实自我有些差距,这个差距就会让我们感到自卑、焦虑,进而有可能让我们有动力朝着自己理想的样子改变。就像小人儿甲,希望向你表达:"你落后了哦,加把劲追一追吧!"

也就是说,自卑和焦虑原本都是有意义的。

所以,第一件事就是,不要因为自己的焦虑而更焦虑。这些是很多人都会经历的感受。请你允许自己焦虑,允许自己"虚荣"——或者换个词,我只是"希望变得更好"。有一件奇妙的事是,仅仅是接纳自己,你的情绪就会变温和很多。

知识便利贴

"消极"情绪也有积极作用！

焦虑、恐惧、自责等看似消极的情绪，其实也有它们的作用。进化心理学认为，这些情绪像是我们的威胁警报系统，帮我们在恶劣的环境下生存下来。

焦虑情绪，是在提醒我们要提前做一些准备，以防不测，比如为当众演讲焦虑，就是在提醒我们要好好准备，以免丢脸。

恐惧情绪，是在提醒我们附近有危险，要提高警惕，比如怕黑，就是因为黑暗中确实可能存在着我们没看见的危险。

自责情绪，是在提醒我们这件事对我们很重要，下次要更用心准备，比如没考好后的自责，就是在提醒我们之后要好好努力复习……

接纳这些情绪，看到它们想要传递的信息吧！

二、认知上，与认为自己"不够好"的想法辩论，一点点改变想法

虽然自卑、焦虑的本意是为了让我们变得更好，但有的时候，执着于"一定要变得更好"，并不是件好事，因为这时候，你会忽略自己的优点。

所以，你可以多关注一下自己擅长的部分。你不妨问问自己：我擅长做什么？我克服过哪些困难？完成过哪些成果？有哪些证据可以证明我也还不错？

你现在的想法也许很牢固，但通过寻找自我的积极面，总能一点点动摇"我不好"的想法。你也许会说："即便我有一些其他的优点，但我的缺点还是存在呀！"但哪里有人是完美的呢？人是需要不断成长的，而一个完美者很容易把自我成长的可能性给抹杀掉。而且我们也不一定非要变得更好，"这种程度的好就够了"，这种想法能让我们更舒服。

三、行动上，投入现实的事情中去

你在信中写道，"外在的快感和内心的厌恶相互缠斗"，这种纠结、痛苦会耗费你的精力，让你陷在焦虑中出不来。

跳出这种焦虑的办法，说来也简单，就是去做事。当你投入现实中时，你专注的就是如何把事情做好，而

不会那么注意头脑中的缠斗了。

四、一个小妙招：把自己想象成自己关心的人

当然，即使看了建议，你还是可能掉入原有的想法和情绪中去，继续厌恶自己，因为一个人的惯性思维是很难马上改变的，需要长时间练习。

这时候，还有一个小妙招，就是把自己想象成自己关心的人。比如，如果你的好朋友，或者其他你特别关心在意的人这样想、这样焦虑自卑，你会不会也感觉到心疼？你会不会希望对他们好一点？

像关心他们一样关心自己吧，你是值得的呀。

（文 / 殷锦绣）

04 很容易害羞，怎么办？

老师：

　　您好！

　　我18岁了，比较自卑，每次说话前都会掂量好久，怕自己说错了，也害怕被别人说，尤其是在众人面前发表意见时。可能说了一句话，别人的眼神没有肯定或者反驳了一句，自己就更加羞愧难当，于是我越来越沉默。我特别羡慕能自然地说出自己的想法而不害怕别人意见的人，而我在内心把自己想要说的话打了好几遍腹稿，可还是开不了口。我现在一说话就紧张、害怕，甚至发抖。老师，我应该怎么办？

AA

AA：

你好！

看完你的叙述，我能够想象那种紧张、害怕。这样害怕表达的你，写下这封信的时候，也一定花费了一些精力吧，但你还是勇敢地迈出了求助的一步，这一点已经很棒了！

其实，看完你的描述，比起"自卑"，我觉得用"害羞"来概括更贴切。害羞是个非常常见的人类特质，主要有两方面的表现，一方面是情绪上的焦虑、紧张感，另一方面是行为上的退缩。你觉得自己容易害羞吗？可以参考下面这个量表：

互动测试：你是个容易害羞的人吗？

这个量表改编自《羞怯量表》（Shyness Scale），对于以下题目，你觉得自己符合得越多，就说明你越容易害羞。

1. 当同不太熟悉的人在一起时我感到紧张。
2. 我在社交方面相当差劲。
3. 对向别人打听些事情我觉得困难。
4. 我在聚会或其他社交活动中经常感到不自在。

5. 当处于一群人之中时，我很难找到合适的交谈话题。

6. 我需要用很长的时间来克服我在新环境里的羞怯。

7. 在与生人一起时，我很难表现得自然。

8. 在与有权威的人谈话时，我感到紧张。

9. 我对我的社交能力抱有怀疑。

10. 我难以正视面前的人。

11. 我在社交场合里感到很受限制。

12. 我觉得同陌生人谈话有困难。

13. 我在与异性交往时更加羞怯。

著名心理学家津巴多做过一个调查，结果发现，超过40%的人都觉得自己正在感觉害羞；甚至在东方学生群体中，这个比例超过了60%。不知道这个结果，能不能让你安心一点：害羞的人，不止你一个。

为什么会有这么多人都害羞呢？因为害羞也有一定的作用。比如，害羞让人谨慎，在某种程度上可以"保护"人，不被太多其他人注意，能帮人保护自己的隐私。所以，不必觉得这完全是一件坏事。

而放到不同的人身上，引起害羞的具体原因可能不同，但归根结底，都是因为自己曾经经历过或者目睹过人际关系中的伤害，从那时起就开始了自我贬低之路。

我认识一位非常害羞的同学，她是因刚上小学时的一件事而变得害羞的。她本来很喜欢唱歌跳舞,每当家里有亲戚来时,就会主动表演节目。但有一次,亲戚看完她的表演,并没有夸赞她,而是追问一些她并不理解的事情。她答不出来,站在那儿脸红、结巴、手足无措,亲戚就开她的玩笑。从那次之后,她觉得自己是"小丑",爱表演是"出丑",于是再也不喜欢在人前表演甚至说话了。

父母、老师的一些行为,也会加速害羞的发展。比如,如果父母和老师给你贴上"害羞""沉默寡言"的标签,身边的同学也都这样看你,那么你就更可能顺应这个标签,觉得"我就是这样的,我改不了了"。或者,父母和老师总是给你过高的要求和期待,每次都让你觉得自己做得不够好,那自我贬低就会越来越严重,也就越来越担心引起麻烦、嘲笑,而不愿意表达了。

总之,害羞有一定的保护作用,但同时也反映出我们的自我价值感较低。如果调节不好,确实也会影响我们的生活。轻微者在众人面前会觉得不适,严重者会无法正常生活。

那怎么才能更好地利用害羞带给我们的好处,而减少它带来的不利影响呢?

最重要的,是提升自我价值感。你很担心别人的评价,本质是因为自我价值感不够高。一旦你有了稳定的、较高水平的自我价值感，就不会那么在意"别人说你"了。而自我价值感可以通过以下三种方式来练习提高。

首先，平时多记录一些开心的、成功的小事。无论多小、多平常的事情都可以，在这些你忽略的小事中，蕴含着你的很多优点。日剧《我们由奇迹构成》里，相河老师说："你很守时、走路很快、很能吃、很会用筷子、遇到人的时候会打招呼……都是优点。"要相信，每个人都有价值，不要因为害羞而忽略了它们。

现在，就拿起笔，写下自己的成功小事清单吧，也可以在日记或手账中设置这样一个版块，每天记录自己做得好的事情。

我的成功小事清单

今天早上准时起床了

吃早饭时没有浪费食物

_____

_____

_____

其次，多给自己积极暗示，不要给自己贴上消极的标签。人都是会发展变化的，你也是能克服害羞的。每当发现自己又要害羞时，把脑海中的"好怕引来麻烦"换成"尝试一下也没什么大不了"，把"我又说错了"换成"我总会成功的，多试试吧"。现在，也不妨学着转换一下句式，把你脑海中的消极想法，换成更具开放性的语句。

提升自我价值感，也可以从身边人那里获得支持。害羞的发展往往与身边人的评价有关，想要快速提升自我价值感，一个支持性的环境很重要。比如，我们可以先从对父母表达开始，他们已经养育了你18年，是最能无条件包容你、接纳你的人。坦诚地跟他们说说你的想法,并请他们多给你一些鼓励、支持。你也可以参加一些面向害羞人群(更流行的说法可能是"社恐"人群)的团体辅导活动,在和你有相似困扰的群体中一起成长。

著名剧作家、文学家萧伯纳,曾经也是个很害羞的人,但他通过对镜练习、参加辩论会等方式,克服了害羞的消极影响,让自己的幽默展示在了更多观众面前。

最后,还想提醒你:如果以上建议你全都尝试过后还没有用,而害羞已经严重影响到了你的生活,比如让你没法儿去学校,那一定要去看心理科医生,让专业的人来帮你更快更好地克服过度害羞。

放轻松,慢慢来,相信你能做到的!

(文/殷锦绣)

05
害怕拒绝别人，怎么办？

老师：

您好！

我现在读高二。我从初中开始发现自己无法拒绝别人，那时候别人拜托我的事情不多、不麻烦，比如只是跑腿交作业、帮忙打扫卫生，我会习惯性地帮助他人。现在情形变得更为严重，别人问我问题、让我帮忙剪辑视频等琐事，我都没法儿拒绝。因为高中课多作业多，学习任务繁重，虽然我学过视频剪辑，讲一两道题也不是难事，但有时好几个人同时找我，或者有些人总是找我，而我自己的事情也还没做完。我不知道怎么拒绝他们，我学习压力很大，很焦虑，怕写不完作业。但为了帮助他们，我只能压缩自己的睡觉时间写作业。我该怎么办？

小琳

小琳：

你好！

助人为乐本是一种高尚的善行，但你因为无法拒绝别人，选择"燃烧自己，照亮别人"，其实是一位委屈自己、成全他人的"讨好者"。我曾在学校咨询中遇到一个与你有相同困扰的学生，她告诉我，她很难拒绝帮助朋友制作课件，她担心拒绝朋友的要求后，朋友会不高兴，她也会因此感到愧疚和难受。

心理学研究者将"讨好"定义为"在社会互动中具有对内贬抑、对外褒扬的稳定心理特质"。如果你在人际交往中长期做出讨好行为，会情绪耗竭，身心俱疲，靠取悦建立起来的人际关系也容易破裂。幸好你已经认识到了讨好他人的弊端，萌生了改变的意愿。

改变的第一步是自我评估，评估自己讨好他人的程度以及为什么会这样。

心理书《蛤蟆先生去看心理医生》中的蛤蟆先生就因为父亲对自己的高要求，从小就学会了顺从严苛的父亲，总想取悦父母和身边的朋友，他的讨好行为来源于童年时期父母严苛的教养和提升自我价值感的渴望，那小琳你呢？这是需要你花时间思考的重要问题。

你也要进一步了解你讨好的人。你难以拒绝他人，或许是因为你觉得拒绝他人会破坏友谊、失去朋友，但你希望你身边的朋友是有利可图才与你交往吗？你希望你结交的朋友是只知向你索取，对你不坦诚、不付出的人吗？我建议你要对经常向你提要求的人分类，哪些是真正的朋友，哪些是不值得你帮助的"吸血鬼"，尤其需要警惕那些一旦你不帮忙就立马指责你，把你的好当作理所当然的人。当你对这样的人付出了真心，他们也很容易伤害你，让你否定自己。

当你确认了那些你难以拒绝的人都是你身边重要的人时，接下来你可以试试分类讨论的方法。我上大学时也曾遭遇过类似困扰，进行了心理咨询。我和咨询师共同探讨出了一个实操性强的方法，你也可以试试。

请你先准备一张白纸和一支笔。我们先画一个坐标系，横坐标是"重要性"。比如我难以拒绝的朋友有甲、乙、丙，甲和我关系一般且不在同一所学校，平时接触较少，她对我而言重要性并不是很高；乙与我同校同级，常常碰面，所以她相对重要一些；丙是我同专业的师兄，在我遇到学术问题时曾给予我指导，所以他比乙更为重要，离原点距离最远。纵坐标"可能性"表示拒绝他人的要求后，你遭遇不想面对的境况的可能性。对我而言，拒绝了甲也不会出现很糟糕的情况；拒绝乙可能会让我们相处很尴尬，拒绝丙会让我感觉自己忘恩负义，所以乙和丙的纵向值都比较大。

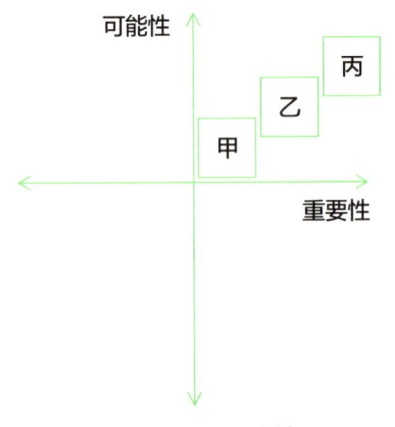

拒绝他人难易程度比较图

通过画图就会发现，我最难拒绝丙，乙次之，甲最容易拒绝。那我可以先调整与甲的相处模式，如果无法直接拒绝，也可以把她的要求放在后面处理。拒绝她的后果是我能承受的，我可以不用一一回应、有求必应，能够空出一些属于自己的时间。

那要怎样拒绝他人呢？你可以换位思考，如果是你提出请求，朋友怎样拒绝你，会让你觉得能够理解。真诚的语言，具体的理由，对朋友的肯定，帮助解决的建议……都能让你的拒绝显得落落大方。比如"谢谢你遇到这个问题先想到问我，但我在赶明天要交的作业，实在没空，如果你不急的话，我交完作业跟你细说。或者你先上网搜搜看，希望能顺利解决"。你也可以留意和模仿身边善于表达的朋友的说法，学着总结你能接受的拒绝要领。

除了考虑他人的重要性和拒绝的可能性，你也可以对他人的要求分类，总结出相应的回复模式。比如常常有人找你剪辑视频，那你是否可以提前准备一个教程或者资源包，下次有人找你提类似要求时直接发给他？这样你可以节省时间精力，对方也可以学习一项对自己有用的新技能。

最后一点，恰恰也是我最想提醒你的一点：爱人之前，先爱自己。当你的情绪源泉已经枯竭，你拿什么去浇灌你的朋友？如果你因为不堪重负倒下了，你不仅帮不了你的朋友们，反而耽误了自己的生活。所以我希望你先关注自己的需求，自尊自爱自信，待自己充满力量，再去滋养他人，把你的积极情绪传递给其他人。

希望你可以从简单的要求开始，一点点去攻克、去改变。当你发现拒绝他人并没有那么难，自己也享受到了不讨好他人的益处时，就会成长为更有力量的自己。

（文 / 黄彬彬）

06
别人一批评我，我就忍不住要发脾气，怎么办？

老师：

您好。

我是一个初二的女生，经常为一个问题苦恼不已，那就是我不能接受别人的批评。每当受到批评的时候，我就非常难受，经常会控制不住地跟人争吵。在学校里，老师批评我，我还勉强能忍，但一放学我就再也不想去学校了。在家里，家长说我，我心里更烦，直接跟他们发一通脾气。有一次我甚至摔了手机，又狠狠地摔了门跑出去。我有时也觉得他们批评得有道理，也是为我好，但在当时我就是控制不住发脾气，控制不住地想发火。我为这件事情很苦恼，也经常悔恨。自从升入初中后，这样的事情越来越频繁。为这事父母没少找我谈话，什么控制情绪、学会沟通，但到了事情发生时，我还是控制不住。我该怎么办呢？

小 C

小C：

你好！

你提了一个大家都会遇到的问题，那就是为什么受到外界的批评之后我们会有不爽的感觉，有时感到委屈，有时感到沮丧，有时感到愤怒，有时特别想发泄出来。包括我在内的很多成年人都会有类似的反应和感觉。我就借你这个问题谈一谈，为什么面对批评会有这样的反应？我们又该如何面对别人的批评？

在展开讲之前，我首先引入一个心理学上经常用到的一个词——自恋。说到自恋，有人可能不喜欢这个词——"我才不自恋呢"！

先别着急，听我慢慢道来。

首先，我们要重新认识"自恋"。

"自恋"这个词是弗洛伊德首先提出来的，他认为，自恋就是对自己的爱，对自己的爱过多，就会影响我们对他人的爱。在弗洛伊德看来，自恋是不好的。在他之后，又有一个人对自恋进行了深入的研究，这个人就是著名的心理学家科胡特。科胡特发现，自恋是每一个人的需要，自恋是一种自我保护、自我珍视、自我欣赏的机制。这个机制就像皮肤对于我们肌体的保护作用一样。20世纪80年代，科胡特由于研究自恋理论而登上美国时代周刊的封面，配文是"自恋合法了"。

在科胡特的理论当中，当个体在成长中某种基本的自恋需要没有被满足的情况下，常常引起自恋性暴怒。自恋性暴怒发生的时候，个体会感到被抛弃的恐惧，常常会导致暴怒和崩溃。诚然，自恋性暴怒有对自我的保护作用，但也有破坏性，有时会破坏我们跟环境的关系，影响我们对环境的适应性。

你来信中说的摔门、摔手机，就是一种自恋性暴怒反应。你把来自父母、老师的批评，看成不可忍受的攻击和对你自身价值的强烈否定，这就导致了你的自恋需求受阻，因而你不得不做出激烈的反应，不得不暴怒。遗憾的是，这种暴怒的情绪影响了你跟老师和父母的关系，也影响到了你自己的精神状态，让你感到苦恼、悔恨和内疚。

所以，自恋性暴怒反应是一柄双刃剑，要慎用，如果使用过多，会产生副作用，累及环境，伤及自身。

那么，我们该怎么做才能在沟通中既保护自身，又能维护我们跟外界的良好关系呢？

首先，在沟通中要注意技巧和灵活性。对于别人的意见和建议中的合理部分，我们虚心接受；对于不合理的一面，我们可以说得更有技巧一些。老师或者家长，他们也有自恋的需求，对不对？

你可以将他们的批评一分为二辩证地看待，先提出那些你认为好的部分，表示会欣然接受。然后再针对你感到不妥的部分，发表你的意见和看法。这样他们的自恋在得到满足后，自然会认真考虑你的意见。因为他们看到了你的理智和冷静，他们也愿意给你更多的空间。

其次，在沟通中要善用同理心。怎么善用？就是要在沟通中学会表达自己的真实感受。表达感受的过程不但能疏泄你的压力，更能起到让对方理解你的作用，这就是激活对方的同理心。

比如，你可以说：

妈妈，我现在真的很难受，我想自己待一会儿……

爸爸，您刚才说的那些话，我真有点承受不了，我想自己静一静……

老师，我昨天晚上做到半夜才完成的这个作业，听到您这样说，我心里非常委屈……

你可以结合自己生活的实际，设计出更多的例子来，填在下面的横线上：

_____

_____

_____

同理心很神奇，当两个人互相升起同理心的时候，他们的紧张情绪就会很快瓦解。所以你要善用同理心，善于表达自己的感受，被人批评后切忌沉默不语，因为在对方看来，那是一种无声的对抗，会徒增双方的敌对情绪。

以上两条建议都是关于沟通方式的，除此之外，还有别的建议吗？当然有，提这个建议的人不是别人，正是科胡特。他提出了"恰到好处的挫折"这个概念。他认为，恰到好处的挫折，会让我们的心理结构更完整、心智更成熟，让我们有更强的承受力和耐受力，从而有更加稳定的情绪反应。

很多文学作品和影视作品都佐证了科胡特的挫折理论。比如，孙悟空是深受大众喜爱的人物形象，他聪明伶俐，本领高强，上天入地，无所不能。但孙悟空也是一个很自恋的人，还记得那杆在花果山竖起的写着"齐天大圣"的旗帜吗？欲与天齐，好大的口气。后来他果然由于大闹天宫而被压在了五行山下五百年。这五百年被压山下的经历，就是给孙悟空的第一大挫折。后来他被唐僧救出，去西天取经。在取经路上，每经过一难，都是一次恰到好处的挫折。经过了这样的九九八十一难，孙悟空终于成功，被封为"斗战胜佛"。

孙悟空的成功经历，对青少年来说非常具有参考价值。我们也可以像孙悟空那样不怕任何艰难险阻，积极投身学习和生活中，参加各种社会实践，来锻炼自己的勇气和胆量，以及从别人的角度考虑问题的能力。

比如，帮家庭做家务，可以让你日后更珍惜别人的劳动和付出；去农贸市场买菜，你可以体验小商小贩的艰辛；参加各种冬夏令营，你可以体验生活对你的摔打和考验；去敬老院和孤儿院献爱心，你可以了解到不一样的生活环境和成长环境……你的生活体验越丰富，你就越能打开思路，增长见识，开阔视野。到那时，也许你就不会再为受一点批评而伤心难过，因为你更了解了他人和世界了。

总结一下,科胡特说的恰到好处的挫折,说到底,就是来自生活的磨炼和历练。青少年的成长不仅仅是多背了几个单词、多刷了几道题、多读了几本书,我们还要具备跟外界沟通的能力,完善跟外界相处的能力。当我们有了这些能力之后,情绪就能更加稳定,心态更加平和,在爱自己的同时,也能更好地爱世界、爱他人。

(文/李泽文)

07
如何对付孤独？

老师：

　　您好。

　　我是一个留守家庭的孩子，也正因为如此，我极度渴望得到陪伴。不管是在学校还是在哪里，我常常都是一个人，这让我感到寂寞。后来随着时间的推移，我也渐渐习惯了。可是我却无法接受孤单。每当我想把某个人当作真正意义上的朋友的时候，他们就会离我而去，渐渐地我从寂寞变成了孤单。内心难免会落寞，而这样的情绪会直接影响到我的学习。当然我知道解决这个问题的最好方法就是找一个朋友，可是找朋友哪有这么容易呢？而我已经没这个时间了，一年以后就要高考了，但是我又不想让这个孤独感影响我的学习。所以我真的想找到一个精神载体，让我度过这一年，哪怕是临时的也好。

一个极度缺爱的患者

极度缺爱的患者：

你好。

你的来信让我心痛。一个正读高二的少年，每天都要面对巨大的学业压力，父母不在身边，没有一个能够诉说心事的朋友，内心是何等孤寂和无助。

我非常认同你对自己的判断：你需要一个朋友。

我用我的经验告诉你：要找一个朋友，不难。尤其是找一个情绪稳定，不会动不动就抛弃你、背叛你的朋友，其实特别简单，比你现在想象的要简单。

我小的时候生活在南方乡下，那时候穷，连电都没有通，也找不到同频的小伙伴，我就跟大自然做朋友。我的家乡有很多小山，我经常一个人在山里玩：采蘑菇，捡野果，去溪里抓螃蟹，去田里捉泥鳅，等等。我喜欢我家后山的一棵酸枣树，秋天的时候每天都跑去捡酸枣，用小棍子扒开落叶，一寸一寸地仔细搜寻。我喜欢月亮，每个月色明亮的夜晚，我就在月辉下奔跑。我大口大口吮吸着月亮的光辉，和月亮捉迷藏。那会儿，我觉得我是受天地宠爱的孩子，整个大自然都陪着我玩，我一点儿也不孤独。

后来，我能借到书了，我又交了书籍这个朋友。我如饥似渴地看着，有什么看什么，海绵吸水一样吮吸着里面的知识和智慧。

再后来，我想去看看村外的世界，我对月亮说：请你给我力量，带我走，带我离开这里，到更辽阔的地方去。一个机会来了，我真的走了，我来到陌生的城市，一个人也不认得，孤独感就像天空一样笼罩着我，我开始记日记。我对日记本倾诉我的孤独和困惑，我的渴望和理想，通过日记里对自己反复的倾诉，长年累月的交谈、鼓励、安慰、校正和梳理，我最终和自己做了朋友，我成为一个善于独处和自我教育的圆融自洽的人。

如今，距离我十几岁时那段迷茫的时光，已经过去了整整三十年，我可以负责任地告诉你：我少年时的好朋友，大自然、群山、月亮、酸枣树、书籍、日记和自己，直到今天，仍然是我最信赖最可靠的好朋友。它们支撑着我，是我源源不断的能量源泉。每当能量不足，我就去爬山，去看书，去跟自己交谈，然后内心就变得安静和丰盈。

像这样没有腿的好朋友，我后来又交了好些个，比如电影，比如音乐，比如种植，比如散步和跑步，这些爱好，一直都在滋养我。因为耐得住寂寞，因为一个人也活得其乐融融，后来我有了很多朋友——是有腿的人类朋友，现在，我就像一座拥有很多个桥墩的大桥，稳妥地安定地屹立在天地之间。

没腿的朋友说完了，接下来，说说怎么交往有腿的朋友吧。

人是社会性动物，交往能力是非常重要的一种生存能力。跟人交往有几个关键词：友善、主动、敞开、放松和随缘。

我的女儿两年前考入一所舞校附中，最初她经常为交友发愁，因为她找不到一个知心朋友，越努力越找不到，就跟你的情况一样。每次她找到非常信任的一个同学，对对方推心置腹时，很快，那个同学就跟别人玩去了，她就感到很受伤。我劝她要放松和随缘，要允许和尊重对方不跟她玩，对方有选择玩伴的权利，她也有这个权利，我鼓励她去找其他人玩，如果找不到就试试独处。她一一尝试过，发现和不同的人交往有不同的状态，并不是所有的交往都会舒服，不舒服的友谊还不如独处，慢慢地，她的心态变得平和了，不像最开始那么执着地依赖友谊，这个时候，真正的友谊反而来了：一个志趣相投的同学向她靠近，两人成为非常要好的朋友，之前"抛弃"她去找别人玩的同学，在比较了一圈之后，又跑回来跟她示好。

留守的孩子并不少见，可能每个学校都有，如果没有人主动靠近你，你可以试试主动去靠近别人。敞开、主动、勇敢和包容，都是很好的词汇。对成绩好的同学大声表达你的佩服，鼓励和帮助不如你的同学，安慰和陪伴被批评被冷落的同学，和同学分享食物、经验和感受……这些都可以帮助你赢得友谊。另外，你可以大大方方要求父母，至少每周给你打一次电话，因为你非常需要他们的关爱。此外，你还可以求助老师，在学校里获得支持。

如果以上都试过，还是感到孤独，那就去跑步吧，只要感觉不好就去跑几圈，跑出一身汗，把所有的负能量都跑掉。或者去喂流浪猫流浪狗，在关爱其他生命中感受被需要的快乐。或者去看书，看看轻松有益的杂志。探寻让自己舒服的减压方式，是每个人一生的功课。有一天，当你发现独自待着也很好，你已经成为自己的将军。

多少高中生的背后,站着一个庞大的支持系统,而你,一个留守家庭的孩子,一个人活成了一支军队,我以你为荣。也请你以自己为荣。你身上的坚强和耐力,是非常好的宝藏。

你的来信逻辑清晰、文字流畅,你有很好的觉知力,你的聪慧超过你的同龄人。像你这样的人,不可能没有朋友。相信我,你的未来,一定会非常美好。

为你加油,祝你快乐!

(文/汤馨敏)

08
如何克服面对人群的紧张情绪？

老师：

　　您好！

　　我今年高一，成绩一般，性格内向，平时也不怎么和班上的同学说话，说话声音也很小，我怕别人关注我。上课时老师找我站起来回答问题，我总是很紧张，心跳加速，手脚发抖，脑子一片空白，最后连会的题目都不知道怎么回答了。我又没办法拒绝老师，也不敢让大家看出来，所以大多时候回答得不是很好。事后，我觉得很对不住老师。我们的老师很公平，愿意给我们每一个人机会，即使那些跟我一样不爱说话的同学，他也愿意耐心听我们讲完。我也知道老师很耐心，他也经常鼓励我大声说话，不要着急。但我就是不争气，脸还是像以前那么红，声音还是以前那么小。我感觉更对不住大家了。我觉得同学和老师一定觉得我很笨。老师，我该怎么克服我的紧张？

小 A

小A同学：

你好！

读着你的来信，看到你描述自己站起回答问题的情景，我有一种很熟悉的感觉。

我曾在一家演讲俱乐部学过四年的演讲，我至今清楚地记得第一次登台时，就是你在信中描述的感受：内心非常紧张，心跳加速，身体发紧，皮肤出汗，之前背得滚瓜烂熟的词一句也记不起来。眼前那么多观众都在看着我，我的脸越憋越红。

那真是一种大写的尴尬啊！当时我就在想：我真是自讨苦吃，自取其辱。唯一想做的就是——夺门而逃。你的信一下子唤醒了我的那种感受。所以，我愿意把我的一些经验分享给你，希望能帮到你。

首先，我们先了解一个心理现象，它叫战斗-逃跑反应，简称战逃反应。

战逃反应是怎么发生的呢？

原来，人的大脑里有一个古老的组织叫杏仁核，它的功能就是为人体预警。它24小时不休息，时刻扫描来自环境的危险信号，当它嗅到危险的气息时，就即刻发出报警信号。大脑接收到预警后，人体的肾上腺就会分泌肾上腺素注入到身体系统，人体就发生了战逃反应。

战逃反应发生时，呼吸加速，心跳加快，皮肤出汗，血液聚集到四肢，人体随时准备战斗或逃跑。在危急时刻，保命最重要，于是一些跟保命没有关系的功能会暂停运转。大脑中处理语言的前额叶就发生了这样的事情，原本要流向这里的血液临时改道，所以这时候，人们会感到大脑一片空白。

知识便利贴

什么是战斗-逃跑反应？

1914年，生理学家沃尔特·坎农首次描述了一种应激反应过程。当一个令人紧张的情境突然出现时，比如，消防员第一次听到警报时，应激反应就开始了。人的自主神经系统产生了突然且强烈的生理唤醒，生理唤醒的特征包括心跳加速，呼吸加快，血压升高和大量出汗。几乎在同一瞬间，我们的神经系统、内分泌系统和肌肉会促使我们做出有效的反应，这一系列反应都属于急性应激，这个应激反应的过程就叫作战斗-逃跑反应。

1939年，另外两位科学家海因里希·克鲁弗和保罗·布西通过实验首次清晰地证明杏仁核在恐惧和其他与生存相关的情绪中起着关键作用，在我们受到威胁时，这个脑结构会变得特别活跃。

在发生战逃反应的时候，人的很多行为都是本能的、自发的、反射性的，要么战斗，要么逃跑。战逃反应对我们的生存来说意义重大，很多时候我们需要这个功能来应付眼前的紧急事件。当我们被狗追的时候，我们会不知疲倦地奔跑，当终于可以停下来时，我们才一下子累瘫在地上；面对疾驶而来的汽车，见义勇为者飞身上前，把吓得呆在原地的小孩一下子拉到路边，事后救人者会说，那就是一种本能反应，根本来不及多想。

有人该问了，发生紧急事件时，我们有战逃反应是应该的，但站起来回答问题是紧急事件吗？

觉不觉得危险，是不是触发战逃反应，不是我们的意识说了算，而是杏仁核说了算。当我们被单独从一群人中拎出来的时候，就意味着我们脱离了人群，在古代猛兽横行的环境里，脱离群体是相当危险的，杏仁核感知到了其中的危险，就触发了我们的战逃反应。

每个人都可能发生这样的反应，无关年龄、性格、外貌、成绩、财富等等，因为每个人都有杏仁核，而杏仁核的功能是一样的。

当然，做这样的解释，并不是要将所有的反应都合理化。如果一个人的反应过大，就会给自己的生活带来困扰，这就正好是你来信中所说的情况。那么如果当一个人面对困境的反应过大时，我们该怎么办？

你现在是高一。我的经验告诉我，高一是发生适应不良问题的高发阶段。适应不良是加重你困扰的可能因素。当一个人在陌生的环境里时，更容易感到不适。临床的例子中，有的来访者上新学校的第一年感到不适，到了第二年基本上就能得到缓解。问他们的生活中发生了什么，他们说没发生什么，就是觉得跟老师熟了，跟同学们熟了，再也不担心在他们面前出丑了，他们算哪根葱啊。

心理学认为，适应不良是发展性的问题，这就意味着，当适应不良发生后，不必做什么特殊的干预，就像普通感冒对我们的影响一样，感觉难受，但只要我们控制好体温，过段时间就会自愈。我这样说，你是不是放心了些？

如果还没有，那也别急，我们还有第二个法宝，那就是幽默。

幽默是缓解紧张尴尬的良药，每当你感到紧张、害羞、不知所措的时候，一句幽默的话瞬间就能让紧张的气氛烟消云散。当老师叫你时，先不要忙着回答老师的问题，先深吸一口气，让自己放松，然后开始你的"表演"。比如，你可以拿自己开涮："老师，这个问题的答案是——等一下，我喝口水。"你也可以拿同桌开玩笑："老师，××同学今天穿得太酷了，我觉得今天的紧张，跟他有直接关系。"

当然,我说的这一些并不一定适合你的场景。你可以设计一些更为应景、更适合你的性格和风格的梗出来,这样更容易产生幽默的效果。当同学们哄的一声笑了的时候,你僵硬的表情和姿势也就自然地松下来了。这就是幽默的魔力。现在就请设计适合你自己的幽默方式,填在下面的横线上吧:

_____

_____

_____

幽默的言辞设计好了,是不是觉得更有信心了?问题总是有办法的,对不对?可是我这里还没完。为了让你有更多的选择,我还要放一个大招。

我前边说过我是学过演讲的,演讲里有一种形式叫即兴演讲,顾名思义,就是现场根据主题即兴开讲或者快速回答别人提出的问题。即兴演讲说是即兴,其实事前也要准备。比如,平时要注意积累一些相关的故事、事例、新闻资讯等素材,这样你在现场就不至于抓瞎,可以随时调取记忆库里的材料。准备得越多,你的即兴发挥就越好。可以说,即兴演讲在很大程度上反映了平时的积累。

在课堂上回答问题其实就是一种即兴演讲。我们可以借鉴即兴演讲的套路。

第一步,你要提前准备几个可能的问题和答案。第二步,排练自己的回答,直到纯熟。第三步,在课堂上等待你"表演"的机会就好了。等做完这三步后,你会发现,你不再像以前那么慌了,因为你做了精心的准备之后,就有了底气和信心。这时你反而会期待被老师点名回答问题,没被叫到这些准备不是浪费了吗?当然,你也可以主动举手,主动出击,这也是突破自我的机会,因为你已经有了主动出击的资本。

(文 / 李泽文)

09
为什么我总是闷闷不乐?

老师:

您好!

我的父母对我要求很高,无论学业、生活还是社交,都要求我表现好。就算考了第一名,他们也不会表扬我,只是教育我"没有最好,只有更好"。我一直很努力地扮演好孩子,但我一点也不开心,总觉得自己这样像戴着面具的假人,很虚伪,我其实不想这样。做事情时,又觉得自己怎样都不够好,处处挑剔自己,干什么都打不起精神来。我有时候真想得抑郁症,这样也许就可以松口气了。但我一提起想去医院看看时,父母要么特别生气,说我"作",要么宽慰我"青春期闹闹脾气很正常"。我好像不该不高兴,可是我真的好累。老师,我是得抑郁症了吗?有没有什么方法能让我想开一点?

XX

这位同学：

你好！

从你的来信中，老师看到，你在这样大的压力下，想要为自己找一个喘息的空间都小心翼翼，老师能感觉到你的沮丧，同时也很心疼你。

很多听话懂事、特别优秀的孩子都伴随着"假性自体"长大，顺从父母、压抑自我，总是想要他人满意，从而与真实的自我渐行渐远，丧失了感受生活乐趣的能力。例如，当与朋友发生冲突时，自己难以产生愤怒的情绪，而更多是不由自主地想是不是自己哪里做错了，一味主动地退让和道歉。这种习惯性的迎合已经成为自然，让你甚至无法感受到自己真实的委屈、不满和难过。

知识便利贴

假性自体是如何形成的呢？

每个婴儿最初都会自发地表达自己内心真实的需求和情绪，饿了会哭，兴奋了会咯咯笑。但如果在成长的过程中，养育者没有很好地看到和照顾到孩子的需求和情绪，为了适应养育者的喜好，获得生存所需的关注和接纳，孩子就会将这些更具力量的权威内化到自己的心理中，发展出一张"假面具"，也就是假性自体，来迎合讨好他人。

比如，孩子不爱吃核桃，但妈妈认为吃核桃能补脑，所以每天都让孩子吃。孩子如果不想吃，妈妈就会生气，甚至不理他。为了获得妈妈的喜爱，孩子再讨厌核桃也会装作愉快地吃完，这样妈妈就会开心地说他乖巧懂事。孩子如此长大之后，可能就会形成固定的模式，对于自己讨厌但认为会有好处的事情，一味强制自己去做，甚至不允许自己不想做、不爱做。

现在，你开始对这样的"扮演"产生怀疑，想找到解决之道。很好，你已经迈出了重要的第一步。

我们可以先仔细看一看，自己平时究竟是怎样"扮演"的呢？如果不去"扮演"，还可以做一些什么，来让自己感受好一些呢？

"扮演"的表现	也许我还可以……
例如： 内心并不情愿，但依然服从和认可别人的想法	例如： ・只是倾听，不发表看法 ・表达自己真实的想法，也不需要说服他人 ・说出自己感受和情绪上的不舒服
例如： 观察和评判自己的表现，自我挑剔	例如： ・从表现中寻找感觉还不错的部分，予以肯定 ・接纳自己当下的状态

通过以上梳理，你可以清晰地了解自己，然后去思考其他应对的可能性，这是打破旧模式的重要尝试，也是你从"讨厌如此"的内耗转化到"我可以做什么"的行动的开始。

我们再来说说抑郁症的问题。毫无疑问，父母对你无止境的期待是不合理的，因为没有人能永远不失误，也没有人能避免负面情绪的出现。相反，无法达到目标和期待，自然容易出现负面情绪，我们需要学习的是如何去接纳和处理它。

而当我们的能力暂时难以处理面前的困难时，往往会很迂回地自动使用其他方式来帮助自己。例如，引入一个"障碍"来解释自己的"失败"。抑郁症对你来说，仿佛是一个避风港，能够"正当"地避开目前的冲突和压力，好像在说：看，我不是故意不去当好孩子，我不是不想控制好情绪，我只是生病了。这看起来是个非常聪明的方法，既能让自己放松，又能免于父母的指责。普通人很容易将一个病症看成是需要去解决的问题，而实际在临床上，许多症状都是身体在当前情境下非常智慧的应对方案。

遗憾的是，你的父母并没有真正理解你的需求，他们被"抑郁症"和"去医院"给吓到了。这一方面出于他们对抑郁症的不了解；另一方面，是因为他们对于负面情绪并不重视，可能正是因为非常在意你，害怕你真的出问题，所以才"讳疾忌医"。其实，抑郁情绪非常常见，许多人都曾经历过，尤其在身处压力下，心情低落、郁闷的状态是正常的情绪反应，并不等同于临床意义上的抑郁症。其实，抑郁情绪也是一种自我保护，给你一个机会去看到自己，防止你的内心被假性自体完全占据，无止境地被父母的期待所消耗。

你现在的功课是，要与真实的自我进行连接，重视自己的需求和感受：觉察、正视、接纳，并时刻自我关照。自我调节的总原则就是"做你想做的，拒绝你不想做的"，尽情享受自己喜欢的事情，无论是运动、看电影、听音乐，或者仅仅只是在床上躺一会儿，体会和感受哪怕只是微小的快乐和舒适。对于不想做的事情，无论是累了想休息（需求）或是情绪不佳（感受），都不必强迫

自己一定做到，提前给自己打好预防针——明白父母的过高要求只是他们的期待而已，你要长大，就必然会有与他们不同的期望。

在日常小事中，这样一点点地积累对自己真实感受和需求的尊重，你的内心会慢慢变得有力量。除了父母，你还可以从与其他亲人、老师、朋友的关系中获得滋养，有可以说知心话的人，就能倾诉、宣泄情绪和找到支持。如果想寻求到父母的支持，你也可以找专业的心理咨询师去帮助处理。

如果你感觉自己长期处于心境低落的状态，学习和生活受到了明显影响，也一定要重视起来。抑郁症是医学诊断，有多种具体分类，睡眠变化、体重和食欲变化、心境抑郁与否、精力是否缺乏、价值感感受度等都是判断依据。但临床需要全面的资料和专业的判断，千万不要直接对号入座或随意在网上做测评来给自己贴标签。

（文/汤妮）

10 总爱幻想一些不好的事情发生，怎么办？

老师：

您好。

我是一名17岁的女生。每当我一个人的时候，总是会不由自主地去想象甚至编造一些让我很难受的事情，那些事情大多不会发生，可是我幻想时总是把别人想象成对我很不友好的样子，似乎人人都针对我，但是实际上他们都对我很友好。我对那些快乐的事情很快就能忘掉，但是对不好的事情我却能记很多年。每当想到其他人都针对我的画面我都难受得想哭，尽管它们实际从未存在过。

在外人看来，我大概是一个活泼开朗有点神经质的人，与朋友交谈时也很正常。我最近常有一些极端的想法，幻想家长、老师和同学都被我的极端举动震惊到了。其实我这么幻想，大概只是为了博取他们的同情或关注罢了。希望老师能帮助我，感谢您！

一名读者

爱幻想坏事的读者：

你好！

读完你的信，我的第一感觉是有点心疼，当你幻想那些不友好的故事时，得有多难受呀！在这封回信中，我想先和你聊聊，为什么会有这样的幻想，为什么会一直记得不好的事情，然后再来说说我们该怎么应对。

幻想本来是自我保护的一种方法。心理学上有一种说法叫"防御机制"，说的是当我们受到"威胁"、产生强烈的焦虑等情绪时，就会无意识地用一些歪曲现实的方法，来保护自我，比如总说别人有恶意的人，可能实际上有恶意的人是自己，但自己不想承认。而不由自主地幻想一些并不会发生的坏事，也可能是我们保护自己的方式之一。因为幻想的故事虽然痛苦，幻想中的人虽然不友好，却不会给我们带来真实的伤害。这种幻想就像是一种"防灾演练"，就算万一坏事发生、其他人变得不友好时，你也能因为曾经幻想过这种场景、想象过这种痛苦，从而对这种痛苦"免疫"一点点。

知识便利贴

为什么会出现"防御机制",它有什么用?

在冲突、受挫、应激时,我们往往会面临较大强度的痛苦,为了减少或避免这些痛苦,防御机制就会出现。生而为人,当然不想让自己太过痛苦,为了达到这个目的,我们在意识、潜意识层面都会做出很多努力,而防御机制就是潜意识层面的一种努力,有点像自己意识不到的自我欺骗,可以保护我们的感受、维护我们的自尊。

记得坏事,其实也是进化赋予我们的技能。心理学研究早就发现,不快乐的事总是让我们记忆更加深刻,对我们的影响也更强,进化心理学认为,这是有助于我们远离危险、痛苦的。你想想,如果我们的祖先记不住那些危险的坏事、不知道下次要远离危险,那在危机四伏的原始丛林中岂不分分钟"挂掉"?但如果记不住快乐,不会影响到自身的安全。所以,对坏事记忆更深,也是人们的普遍倾向。

只是,你现在的状况是,保护机制过了头,就像身

体免疫系统反应过度一样，也会造成伤害。原本是想帮你对痛苦"脱敏"、远离危险，现在却给你带来了更大的痛苦。

因为一封来信可以提供的信息有限，我想了解，这其中有没有更深层的原因呢？你是不是小时候曾有过什么被人伤害的经历？或者是不是有一类特定的事情让你焦虑时，才会出现这种幻想呢？

如果这其中有的回答是"是"，那么，我们的解决办法就需要从深层的事情入手。

如果是小时候曾经被人恶意对待过，那么你的幻想很可能就是当时的恶意引起的"过敏"，这时候，你需要处理过去未处理好的恶意，将当时没来得及说和做的东西表达出来。可以搬一把椅子，想象那个伤害过你的人就坐在那儿，你想说什么、想做什么，都可以对椅子说和做，而现在你需要意识到，环境已经安全了，可以在自己状态好的时候去回想那些幻想，当幻想中的不适出现时，就提醒自己，这些事情已经过去了，现在身边人对自己挺好的，这样慢慢地对幻想"脱敏"。

如果上面的问题，你的回答是"否"，那我们接下来就聊聊，怎么应对现在的这些幻想。

首先，可以利用你的幻想。现在对你说"别想了，这事不可能发生"是没有用的，你自己也知道这些事大多不会发生。所以，我们换一个角度来应对你的幻想：不必全都逃离，可以尝试利用。现在你在幻想时，主要关注的是别人对你的不友好行为，然后就会难受。那在幻想中，你有想过你是怎么应对不友好行为的吗？如果多想一点，想到你是怎么克服这种难受的、怎么把这种不友好处理好的，那么，你就会知道，即便万一这件事发生了，也没有那么可怕，你是可以应对的。这时候，幻想中的场景威胁性就降低了。

其次，感受当下。想好应对方式虽然有助于降低幻想带来的难受程度，但也可能让你继续沉溺于幻想。当你幻想时，你其实是陷在了自己的想法里，那些事情都不是真实的，所以，为了更好的现实生活，就要想办法提醒自己回到现实中来。感受自己当下的感受，比如，当幻想又"袭来"时，就让自己观察一下眼前的事物，感觉一下衣服贴在身上的感觉，注意一下自己呼吸时空气流过鼻腔的感觉等，就是觉察当下。当你觉察当下时，你就从幻想中"跳"出来了。

还有，你可以从幻想的目的入手，调整自己的应对方式。你提到，觉得自己的幻想是为了获取别人的同情和关注。其实想获得关注无可厚非，我们每个人都有这样的需求，但我们可以有很多种方式来达到这一目的。你觉得，还有什么人会更容易获得关注，哪些方式可以获得关注呢？这些回答里，有哪些是不必让人感到难受、可以让你学习的呢？如果你能通过更愉快的方式来获得关注，那幻想就失去了它原有的功能，这时候你可能就无暇再想它了。

幻想的内容	幻想的目的	其他达到目的的方式
自己做出一些极端行为	希望获得别人的关注	主动对别人友好

最后，还要提醒你，前面提到的应对方法，前提是你能分辨出哪些是幻想，并且能从幻想里走出来。但是，如果你之后发现，自己识别不清一件事是不是幻想了，或者控制不住自己从幻想里走出来，再或者自己总记得发生了一件事，而别人说这件事没发生过，这时候，你就需要去医院的心理或精神卫生科检查一下了。

不用害怕，我们的很多心理问题其实都是生理、心理、社会多方面因素影响而成的，医院检查、吃药治疗，和按照回信建议调整自己，本质上是一样的，都是我们调整自己状态的一部分。祝你调整顺利。

（文 / 殷锦绣）

11
最近我怎么变得爱哭了？

老师：

您好！

我是一名初二的学生，我觉得现在父母特别不理解自己。周末休息时，我用了大半天时间安装好一台乐高四驱车。我爸加班回到家后，我开心地跑过去向他展示，却换来他冰冷的怀疑："这怎么可能是你自己拼的呢？"类似这样的事情太多了。

我从小性格活泼开朗，可不知道怎么了，现在爸妈一说我，我就容易哭。爸妈一见到我流眼泪就烦："一个男孩子，怎么那么娇气？"他们瞪着我的样子和句句扎心的言语，都让我控制不住地想哭。其实，我在外面不怎么掉眼泪，但在爸妈面前，特别是在他们误会我的时候，就很容易这样。变成这样我也觉得好烦，可又憋不住。我该怎么办？

小健

小健：

你好！

听到你说的事例，我想到了一部电影《狗十三》，其中有这样一个片段，一个13岁的女孩从小跟爷爷奶奶生活在一起，她和父亲的感情一直不是很好。有一次，父女俩爆发矛盾，父亲买了一只金毛犬作为礼物"赔罪"，女孩终于有了可以寄托自己情感的对象。

有一天，这只小狗跑丢了，她发了疯似的寻找。家人劝她不要找了，大不了再买一只。可是在女孩眼中，狗是她情感的寄托；而在家人的眼中，那只不过是一条狗而已。

这有点像你和爸爸的互动，当你满心欢喜拿着拼好的乐高四驱车向他展示的时候，他看不到你的情感需求。你的乐高，就像那只狗一样，在大人眼里，它们都只是一个物件而已。

或许在生活中，你有过无数次这样的体验，在你伤心、失落、懊恼的时候，父母对你的情绪识别并不敏锐，可能还会误解你，所以你内心有很多委屈和愤怒的情绪无法释放。

那这个"哭鼻子"的情绪究竟从何而来呢？我们可以从以下几个方面了解一下：

一、身体的变化

人到了一定年龄，身体激素水平会有所变化。比如，青春期的你会因为激素水平分泌增高而出现身体上的一些变化，而激素水平增高时还有一个现象，就是攻击性变强，尤其是男孩子，这是非常正常的。如果学习和生活的压力，导致这些本能没办法释放，那种被压抑的体验，就会非常难受。所以，就会出现你的这种情况——在一件哪怕很小的事情的刺激下，也很容易出现情绪不佳、脾气一点就着，甚至抑郁、爱哭。在外人面前，你可能还会压抑或隐藏这些情绪，但是面对亲密的家人，你不需要伪装，因而就很容易在他们面前爆发。

二、社会文化的影响

你是男孩子，不知道你从小有没有听到身边的人告诉你"要勇敢""要承担责任""你是男孩子，不要哭"之类的话呢？

缺少情感细腻的关怀和抚慰，以教条、刻板为主的养育方式，很容易让男孩在成长中变得既难以理解别人，也不懂得表达自己，因为极少有机会被允许表达。在这里，我大胆做个猜想，或许你的父亲从小也是这样被期待着长大的。他不仅离你的情绪很远，他离自己的感受或许也很远，所以他看到你哭的时候，会本能地推开你，这不是你的错,也不是他的错。

然而,作为男孩子其实比女孩子需要更多的时间和空间来成长,甚至男孩子需要更多的机会,去接触自己内心柔弱的部分,这样才能感受到安全和放松。

三、表达方式的变化

青春期,身体经历着前所未有的变化,情绪也是。还是拿电影《狗十三》来举例,女孩的狗丢了,如果你是她的好朋友,你会怎么说?

1. "这有什么好哭的?大不了再买一只……"
2. "我知道你很难过,别哭了,说不定它会自己回来的,会好起来的……"
3. "我知道你很难过,以前我也有过这样的经历,那时候我老想着它,吃不好睡不好,所以我能体会这种感受……"

上面这三种说法里,第一种是否认对方的情绪,第二种是劝导和安慰,第三种是共情和接纳。这三者的区别在于,你是否能够真正理解对方当下的感受,是否认同对方有这样的情绪。

知识便利贴

什么是共情？

共情，是一种设身处地理解和感受他人的情感能力，能从他人的角度来体验和理解他们的情绪、经历和感受。这种能力不仅包括情感上的共鸣，还涉及对他人的情绪和经历有深刻的理解和认知。

心理学家西蒙·科恩说："人类的共情能力，就像人的身高和其他特征一样呈正态分布。"这也意味着，我们每个人的共情能力就像车辆的汽油，有些人的共情能力强点，油量多一些；有些人共情能力弱，油量少。不过，共情能力并不是一成不变的，它是可以通过后天的培养和有意识的训练来得到提升的。

显然，在你的例子里，父母并没有跟你共情。那么这时你该怎么办呢？

你可以有意识地感受一下自己的真实情绪是怎样的，就像拼乐高一样，了解自己情感里不同的配件与组合，以及这些配件放在哪里是合适的。即便父母不能够理解你,你也可以待在那个情绪里面,跟这样的情绪相处一下。想象一个自己的分身,跟那一刻的自己共情一下。

如果一个人在不被理解的时候,在经历"悲伤"体验的时候,能充分体验到悲伤和难过,过一段时间,自己是会走出来的。如果不允许自己难过和悲伤,这些负面情绪就会变成对自己的攻击,比如,否定、批评和指责自己。

所以,你说自己情绪不好的时候,会难过,会流泪,这说明你的情绪是有出口的,如果你不哭,就像下水管道被污垢堵住了,那不是更糟糕吗?

除了感受和释放自己的情绪之外,在父母不理解你、难以回应你的时候,你也有表达情绪的权利,向他们表达你真实的感受,告诉他们你想得到怎样的回应。识别自己的内在语言,可以帮助父母更了解你,也可以帮助你自己的情绪更充分地流动。

在这里,我教你一个小窍门——表达情绪最简单的方式就是说12个字:我感觉,是因为,我希望,我就会。我来举一个例子:

第一句,先表达你的情绪。"我感觉……"

第二句,表达对这个情绪的解释。"是因为……"

第三句,表达你希望对方做的事。"我希望……"

第四句，表达对方这么做后你的感受。"我就会……"

第一、二句的表达，一方面是帮助对方理解你怎么了，一方面也是帮助你自己理解自己。第三、四句话是你希望对方做些事情来安抚你，让你好受些。针对你前面跟父亲的对话，可以尝试这样的表达："爸爸，听你这么说，我感觉很挫败，因为我花了很长时间才拼好这个乐高，拿给你看，是希望你能肯定我，如果你能表扬我一下，我会感觉更开心。"

在这个过程里，当你暴露一些自己的脆弱或需求的时候，你就有了被爱的能力。如果不能坦然对自己承认自己是有情感需求的，那么在向父母坦然承认的时候，的确会有一些羞耻的感受。或许父母需要一些时间慢慢了解你的生理变化和心理需求，你也可以提出要求，让他们尽量包容自己的情绪，给自己一些时间来消化和处理这些情绪。

其实在亲密关系领域，即使是最亲近的人，有时也很难做到对他人的需求感同身受。如果你觉得得不到对方的帮助，那就放下。这不是自私，而是让我们有能力从你我不分的关系纠缠里，找回自己的空间。在这个空间里，你也可以共情和理解自己，同时又不会陷落在有亲密关系的人的态度里。

青春期是一个非常特殊的时期，生理的变化会带来情绪的起伏，这些都很正常，也会过去。希望你能把这个时期当作一份成长的礼物，这其中有不安，也一定有收获；有快乐，也一定伴有酸楚，五味杂陈。希望你把这个阶段里发生的故事，变成你终生可用的资源，也祝愿你的父母能轻松地陪伴你一路成长。

（文 / 张思娜）

12
内向的人，如何过得更自如？

老师：

您好！

我是一个性格特别慢热的人，曾经一度认为内向是一件特别不好的事，是性格缺陷。读书时，真的度过了一段敏感又别扭的青春。待慢慢长大后，看到了更大的世界，我渐渐觉得内向只是性格的一种而已，没有什么奇怪的。但是意识到和完全改变还真不太一样。我努力去接受自己，去积极生活，但是从小到大的敏感，真的不容易改掉。我还是会因为别人的一句话、一个动作甚至一个眼神而感到不自在，甚至难过很久。我觉得我是不讨喜的类型，不活泼、不大方，融入一个新集体会有手足无措的感觉。虽然我长大了，不是小孩子了，觉得自己不该那么矫情，但是偶尔还会觉得委屈。我该怎么办？

小烦恼

小烦恼：

你好！

读完你的来信，我看到了一个别扭的孩子逐渐长大的过程，从"敏感别扭"到"努力去接受自己"，能感觉到你非常会觉察、思考，也非常会求助。自我成长的过程中一定会有困难、纠结、挫败，你能做到这样，已经很了不起了！

今天，我们就来聊聊"内向"。

其实不怪你"别扭"，我们的社会也总是倾向于认为外向、活泼、开朗更好。内向的人总是从小就承受着各种误解，在别人的指手画脚中变得越来越难以接纳自己。但是我更想要强调：内向是一种与生俱来的个性特征，它不是缺点，也有很多好处。

比如，内向、敏感的人，对生活的感知力也更强，从而对生活有别人难以触及的丰富认知，还可能会催生艺术创作，很多艺术家都是内向敏感的；内向的人更会关注自己的感受、反思自己，也因此更容易理解他人的感受，共情能力强。这可是良好人际关系的基础。你想一想，自己是不是也有这些特质呢？所以，你不需要觉得自己不讨喜，也不用强行改变自己的内向特质。

测一测：你是内向者吗？

以下这些句子的描述，和你相符吗？

1. 喜欢一个人，或者和少数几个亲密的朋友一起放松休息。
2. 认为只有深切的关系才能被称为友谊。
3. 在户外活动之后需要休息，即使是你喜欢的活动。
4. 在交谈中以倾听为主，但是会围绕你认为重要的话题大量发言。
5. 看起来冷静独立，喜欢观察。
6. 在发言和行动之前通常会思考。
7. 在人群中或压力下有过大脑一片空白的经历。
8. 不喜欢被催促。

如果多数句子都符合，你可能就是内向型的人啦。

那你可能会说，我现在这么痛苦，怎么能不做出改变呢？是要改变。但要改变、调整的是什么呢？是我们因别人一句话而不自在、在新集体中手足无措时的感受——暂且称之为"害羞"吧。

内向和害羞是不一样的。内向的人更喜欢独处，不太喜欢和很多人相处，但真需要交往时，内向也不会造成阻碍；害羞的人则很难体验美好的人际关系，因为害羞让我们过度关注并负向解读别人对自己的反应，就像在心里给自己打上了"聚光灯"一样，站在"聚光灯"下的我们就会手足无措。

但事实上，心理学家发现，我们总是会高估别人注意自己的程度，这个"聚光灯"只存在于我们自己心里，你那些手足无措的时刻，别人可能根本不会注意到，即便注意到了也不会记得。怎样减少这种害羞的痛苦呢？有这样几点建议。

一、觉察自己害羞的场合，提前练习

心理学家在研究"聚光灯"效应时还有一个发现，就是练习可以降低我们的这种感受。活泼开朗的人总是相似的，而害羞的人各有各的不同，大部分人都是在某些场合更害羞、紧张，而在另一些场合就还可以忍受。那么，你在哪些具体的时刻和场合，或者在哪些具体的人面前，更容易感到不自在呢？把这些场景记录下来，下次在面对这样的场景前，就可以提前进行准备、预演练习了。

我在_____场合下会紧张、害羞；
我面对_____的时候会紧张、害羞。

二、询问学习别人的经验，主动沟通

如果你对这些令自己紧张的场景没有头绪，提前演练也不知道怎么办的话，那还可以去观察一下在这些场合里如鱼得水的人。你可以私下用你喜欢的方式，问问他们的经验。还可以与那些和你一样对这些场合紧张的人交流感受：大家都紧张，他们又是怎样和自己的紧张共处的呢？在这个过程中，你也许会收获比经验更多的东西。

三、客观地看到他人的反应，调整认知

在与他人的互动中，他人的反应并不总符合我们的预期。比如，有的时候，如果别人没有对我们的表现进行赞赏，或者给了我们一个眼神，在我们看来这种反应就是不满意、批评了。但事实上，在对方看来，他们可能本来就不习惯赞赏别人，而不说话也许只是一个平常的习惯而已，甚至一个眼神就已经算是有欣赏之意了。所以，调整对他人的认知也很重要，有的人会用这样的行为方式对待所有人，并不是对你抱有恶意。

四、追问自己失败的后果，放平心态

当然了，改变自己总是一件很难的事，如果暂时还是做不到表现自如，也不必苛责自己。在那些让你害羞、手足无措的时刻，可以问自己：如果我表现得不活泼、不大方，最坏的结果是什么？也许你会觉得，别人会因此对你有一个不好的印象。但那又怎样呢？这是非常严重的事情吗？在所有人面前保持一个完美的形象，对你来说很重要吗？为什么？其他人也能做到这样吗？做不到的那些人现在怎么样了呢，有什么严重的后果吗？这样追问下去，你会发现，即便是最糟糕的结果，也没有那么可怕。而记着这一点，也许能帮助你放松心态。

最后，想再次跟你说，内向是正常的，害羞也是常见的，关照自己的感受也很重要，这并不是"矫情的孩子"才会做的事情。

（文 / 殷锦绣）

13
一个男生被说"娘"，怎么办？

老师：

　　您好！

　　我是一名上中学的男生，我长得很瘦，白白净净，日常生活中总是很细心、爱干净，说话也比较温柔，男生朋友比较少，异性朋友多，性格可能会有点"娘"。因此总被同学指指点点，甚至被嘲笑，难道男生就不能"娘"吗？我该怎么办？

一个男生

同学：

你好！

你的来信虽然很简短，但我从里面看出了你的困扰。我们毕竟生活在集体中，常常要与其他人接触，也就难免受到他人的影响、受到他人的评价。老师想和你讨论两个问题，希望能帮你逐渐厘清这个复杂的状况，找到"怎么办"的答案，帮你更好地认识和欣赏自己。

第一个问题是：被朋友说性格不好该怎么办？

美国社会学家库利提出过一个比喻，和别人相处就像照镜子，我们根据"镜中我"来了解实际的自己，也就是说，我们每个人的自我观念，其实都是在与其他人的交往中形成的，我们通过其他人对我们的看法、反应等来认识自己。

只是，镜子里的自己也未必完全高清、真实，可能有些"镜子"像是哈哈镜；听到其他人的负面评价，也并不意味着我们要完全相信和听从这些声音。这取决于朋友为什么会说你，他们的目的是什么。

他人的评价

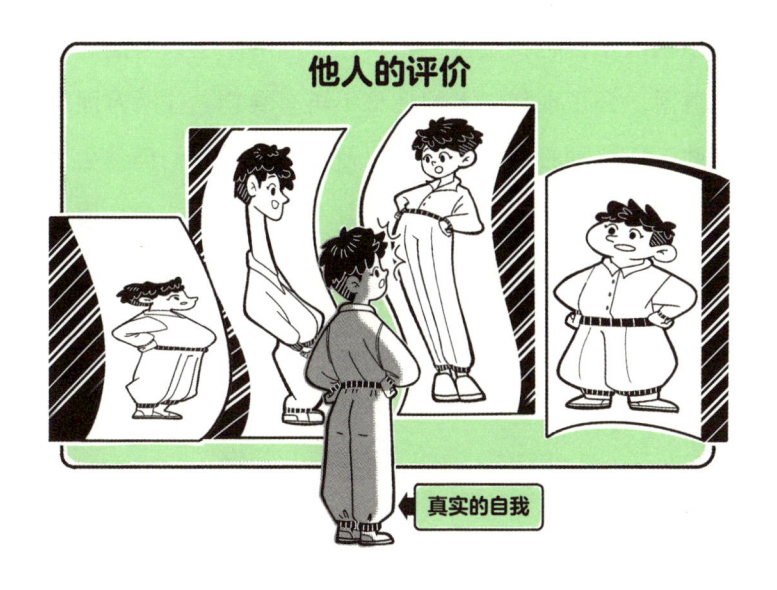

真实的自我

　　这个问题的答案，大概分为两方面：他们是为了他们自己好；或者是为了你好。在青春期的孩子们，一般来说，前者情况会更多一些。

　　也许你会有点不解：他们说你，怎么会是为了他们自己好呢？

　　这主要是因为，你的一些特质，对他们来说是陌生的，他们会不自觉地把"陌生"评估成"有威胁性"。进化心理学认为，远古时期的原始人们为了生存得更安全，要聚集在一起，而聚在一起的人们往往是相似的，比如，同属于这个部落，形成了共同的行为准则等。当这个部落和其他不同部落相遇时，就可能出现资源的抢夺，甚至出现战争，也就是说，和自己不同的陌生人可能意味着危险。到了现代，人们几乎不再有食物、住所方面的威胁，但这种心理倾向仍然保留了下来，人们仍然会靠共同点来形成一个"内群体"，让自己感觉更安全；而与自己不同的那些人就是"外群体"，会让人感到不安。

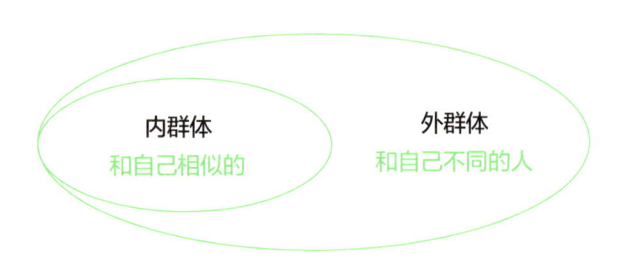

内群体 和自己相似的 　　**外群体** 和自己不同的人

青春期还有一个特点，是大家往往特别以自我为中心，所以朋友们才会说你，希望你变得和大家一样，让他们自己感到更安全——这种情况，就是他们为了自己好。

不过，这种倾向往往是在潜意识层面的，他们并非故意。等到大家再长大一些，自我中心化减弱一些，对世界的认识丰富一些，安全感也更充足后，就很少再这样说别人了。

在这种情况下，我们只要知道，你自己没有错，朋友们也没有恶意，可以在他们说你的时刻运用一些"糊弄学"，然后等大家都长大就好了。如果你仍然觉得难受，也可以告诉他们你的感受、表达你希望他们支持你而不是伤害你的愿望，真正的朋友会在意你的感受的。

当然，也不排除还有一种可能，个别人是故意喜欢贬低别人，来让自己感到更优越。如果你观察到身边有朋友总是这样对其他人，那离这个朋友远一点，才是安全的。

那他们说你是不是"为了你好"呢？这就需要回答第二个问题了："娘"是一件不好的、需要改变的事吗？

我认为，"娘"本身并不是贬义词。只是，现在使用它的人用了贬义的方式去形容别人，这是很不礼貌的，因为这反映了使用者的性别刻板印象。

在我们的刻板印象中，一般认为，男性应该是勇敢的、坚强的、独立的，女性应该是温柔的、情感细腻的、会安慰人的。在青春期，大家普遍受到这种传统观念的影响，觉得男生应该"爷们儿"，不该和女性朋友有过多交流等。

传统男性特质	传统女性特质
独立	感性
主动	奉献
果断	温和
自信	友善
争强好胜	温暖
更胜一筹	察言观色
抗压能力强	乐于助人
……	……

但其实，交异性朋友是件很美好的事情呀！也许你们能分享对一件事不同的视角，拓宽对世界的认知；也许你们能相互安慰和支持，让情绪得到宣泄……你肯定也在和女生朋友们的相处中，感受过这种美好。

而且，心理学研究发现，成年人们其实往往都更喜欢"双性化"的人，也就是同时具备"传统男性特质"和"传统女性特质"的人，或者用俗话说既"爷们儿"又"娘"的人，因为这样的人具备双份的优点。

知识便利贴

有没有比"男性化""女性化"更贴切的分类？

在心理学研究中，研究者更经常把特质分为"工具性特质"和"表达性特质"。这种分类和我们日常说的"男性化""女性化"也有一定的对应。因为在刻板印象中，我们一般期待男性能利用工具、赚钱养家，而期待女性能表达情感、提供情绪价值。

所以，你口中的"娘"，并不是件坏事，你也没有做错什么。只要相处时没有影响别人的行为，交异性朋友、有时候"娘"一些，就完全没有问题。你不仅不需要为你的特质感到羞愧不安，还可以为此感到自豪！你可以继续同时发展自己两方面的特质，并且多找一些和你类似的同学、朋友，相信你们是最能欣赏彼此的，对你们的成长也是更有利的。

最后，我还想额外提醒你一下，万一身边的多个同学一直故意嘲笑你，甚至做出欺负你、排挤你的行为，你又无法制止、反抗他们，他们可能已经构成了欺凌行为。请你立刻去寻求老师、家长的帮助，这不是你的错，你不该承受这些。

希望你、希望世界上的少男少女们，都按适合自己的方式成长，而不是被"男生应该有""女生应该有"的枷锁束缚。

（文/殷锦绣）

14
我总被别人带节奏，怎么办？

老师：

  您好！

  我是一名高三学生，在临近高考的日子里，本该奋力奔跑，可是我遇到了一些麻烦。

  我是一个非常情绪化、容易受外界干扰的人，这也导致我学习状态不稳定。我的同桌是一个做事利索的人，做什么事都速度飞快，而我又是一个好强的人，总喜欢跟她对标，于是便单方面陷入"内卷"，被她的节奏带跑。我常因为她的进度干扰到我原有的计划，而着急得不知所措。每当这种时候，我就静不下心，手头的作业做不下去，这又拉大了我俩的进度差距，使我更加着急，这仿佛是一个死循环。她同时也是我很要好的朋友，但由于我的好强，便不愿再向她问问题，甚至不知道该用什么态度面对她。我现在真的很累，想努力但又常被困住，害怕被人超过，害怕落后。现在我到底该怎么办呢？

困扰的小 C 同学

小C同学：

你好！

作为高考的过来人，我特别能理解你目前的心情，一边是即将到来的高考，一边是焦急的心情。犹记得我们当时的口号：人生能有几回搏，此时不搏何时搏？听着这个口号，每个人想停也停不下来。我想你也是，在想着怎么努力加油的同时，也在想怎么调整好状态来迎接中学生涯的最后一役。

但是很显然，跟同桌的相处问题，影响了你的整体状态。

在帮你解决问题之前，我们先认识一个术语：认同。

认同，简单地说，就是努力让自己变得更接近某人的过程。认同包含了认可、欣赏、肯定、接受、模仿等内容。

我们长大的过程就是认同发生的过程。小时候我们认同父母，稍大以后认同老师、同学等，再后来我们认同各行各业中的英雄人物、明星人物，再后来我们开始在现实以外的世界中寻找认同对象，包括历史人物、文学人物、影视人物等。我们认同他们的语言、气质、品性、思维方式、行为方式，这些成了我们内心世界的一部分。我们就是从跟这些人的互动中，汲取养分，我们的自我也一天天地丰富和饱满起来。

知识便利贴

什么是认同？

认同是精神分析理论中自我发展的一个重要概念。通常与人或者环境中的物认同，通过认同，经过行动或加工，使思想或行为变得像某事或某人，比如个体在早期的生活中，看到妈妈的微笑，听到妈妈的话语，和妈妈一起藏猫猫，婴儿就学会了微笑、说话和藏猫猫。

认同过程在人的一生中都会持续存在。在早期，认同可能会有意识地进行，比如小男孩毫不隐瞒地要学习父亲、要学习超人；到后来，大部分时间在潜意识层面进行。很多时候我们没有发觉，如我们的言行正变得越来越像某个人，比如父母、领导、老师等。

认同

回过头来看你的遭遇，其实也是认同的作用——你认同了同桌，认同了她做事干净利索、速度很快的特点，同桌身上的这些特点对你来说都是闪光点，具有很强的吸引力。

向榜样学习，向优秀的人学习，是我们提倡和鼓励的。然而，我们要注意的是，认同不是全盘吸收，即使对榜样和偶像，也要有所取舍。他身上的某个特点真的适合我吗？邯郸学步、南橘北枳的故事我们都听过，别人的特点不一定都完全适合自己的土壤。

当明白了这些之后，我们就可以试着解决你的问题，从思想、行为、人际距离等不同角度，尝试对认同的过程做一定的干预。

首先,我们要客观地看待双方的不同。心理学中有一种关于人的印象形成的方式叫光环效应,就是因为某个人身上的一种优秀品质,我们会放大他的所有特点。光环效应常常会造成人的错觉,让我们对事物的认识有失客观。在这里我们要提醒,你是否在用光环效应管理你对同桌的印象?当同桌做事利索的特点被你看重、被你突出以后,你顺势放大了她的整体优势,拔高了她的整体形象,给你造成了额外的压迫感。实际上她有她的优势,你有你的优势,比如我能从来信中感受到,你认真细致耐心,不服输,这都是你的优势。

除此以外,请你再想一想,你还有什么优势,至少想出5个填在下面的横线上:

_____

_____

_____

_____

_____

实际上,让你填写这些优点,就是要让你更加客观地认识自己,据此提醒你,你只是跟别人不同而已,你有自己的特点和优势,不要忘记。

知识便利贴

什么叫印象形成?

在社会情境中,人们一般会按照经验,将情境中的人或物进行归类,明确其对自己的意义,使自己的行为获得明确定向,这个过程称为印象形成。印象形成一般遵循以下几个效应:

首因效应和近因效应:
信息出现的顺序对人的印象形成有很大影响。先出现的信息影响大的就是首因效应,最近出现的信息影响大的就是近因效应。一般来说,熟悉的人之间容易出现近因效应,不熟的人之间容易出现首因效应。

光环效应:
一旦对别人的某些品质形成倾向性印象,就会带着这种倾向性去评价他的其他品质，这种倾向性印象好似一个光环，使其他品质也笼罩上类似的色彩。光环效应是一种以偏概全的现象，一般在人们没有意识到的情况下发生作用，会影响到人们印象的客观公正性。

刻板印象：

人们通过经验形成对某类人或某类事较为固定的看法叫刻板印象。比方说，我们会认为北方人粗犷、豪爽，南方人细致、拘谨，其实并不一定准确。

以上几种效应都容易让人有失客观，所以人们要有意识地给予一定程度的矫正。

其次，在行动上要以我为主。在信中你提到，自己性格好强，不服输，年轻人有竞争精神是好事，但也容易掉入别人的陷阱里，随对方的节奏起舞。比如她学习时你就学习，她休息时你就休息。其实，这种竞争有什么意义呢？表面上是在努力，实际上是让出了主动权，融入了对方的学习节奏中。关于高三复习，你有自己的想法和计划，可以按自己的时间表一步一步进行，而不是追随对方。以我为主,在学习上走自己的路,你才能掌握学习的主动权。

从人际距离上进行调整。你俩是同桌,又是很好的朋友,这就决定了你们在一起的时间会比别人多。现在,你像是把一只眼睛放在了她身上,她的任何举动都会引起你内心的波澜。所以我怀疑,你是否跟这位朋友绑得太紧了?如果是,那么就需要减少跟她相处的时间,还可以考虑暂时调换座位。人际关系中有刺猬法则,就是要求我们要保持一定的距离,不要靠得太近,靠得太近容易受伤。俗话说,距离产生美,真正的友谊不会因为你们不是同桌了而受影响。

在人际关系中,我们通常的主张是与人构筑一个有弹性、不僵化的人际关系,可远可近,可进可退,可密可疏,可以认同对方、学习对方又可以保持一个独特的自我,有着独特的风景。怎么把握其中的度?一个首要的标准就是你要感到舒服。只有舒服了,你才会得到成长的养分。我相信你可以做到!

(文 / 李泽文)

15 为什么说青春期不叛逆才不正常?

老师:

　　您好!

　　我是一个15岁女孩,用父母的话讲正值叛逆期。我喜欢追星,累了的时候喜欢听偶像的歌、看他们的短视频,这样就能暂时忘却烦恼。过去我的学习一直都没有落下,父母也就没有多管。可是渐渐地,我的心思不在学习上了,成绩下降,父母对我追星开始横加阻拦。他们不但反对我追星,现在连我染发、参加cosplay活动都要干涉,我真为他们的不理解而难过。请问老师,是父母太封建还是我太另类?我该怎么办才好呢?

　　　　　　　　　　　　　　　　　　天才小熊猫

天才小熊猫：

你好！

你的名字好有个性，正如你所热爱的追星、染发、玩 cosplay 那般有自己的个性。看完你的文字后，我首先联想到的是"青春无敌"四个字，有活力、有热情、有梦想。这样的青春很美好，也很幸运。

青春期的确是一个特殊的人生阶段，不同于儿童的天真烂漫，也不同于成人的成熟精干，这个时期除了学习外，你还肩负着重要的使命，那就是：认识自己，确认自己想要成为一个怎样的人。

那怎样才能认识自己呢？怎么找到自己的目标呢？最简单的方式就是找到一个参照，最好是一个各方面都非常理想的他人，在那个他人身上有你欣赏和喜爱的特点，偶像无疑是最佳人选。

这个阶段，你正好处于自我认同形成的阶段，而随着社交网络的发展，明星偶像也不再是一个特别遥远的存在，因此很多青少年容易将明星纳入自我参照的范围，纳入理想自我的一部分。换句话说，你和偶像的关系，正可谓是你中有我，我中有你，偶像已经变成你自我的一部分。

偶像身上的特质，正是你内心渴望拥有的，穿同款服装、吃相同食物、听偶像唱的歌，将对偶像的积极关注、认同和赞赏的心理需求内化到自己身上，偶像也能够弥补你在现实情感中的需求，是伴随着你成长的那个人。

所以说，到头来，追星追的其实是理想中的自己，偶像只是你自我理想的实现，通过把某个自己喜欢的人理想化，和这个强大完美的人建立连接，从而感到自己是重要且有力量的。心理学上，我们把这种偶像般的理想自我的投射称为"自体客体"。

知识便利贴

什么是自体客体？

自体客体，是美国心理学家科胡特提出的一个概念。客体，是他人的意思，自体客体的功能对一个人的发展来说是至关重要的，因为每个人从小都要从他人眼中体验到欣赏、喜爱的闪光，你不在父母身边，但脑海里也会有父母的形象，脑海里父母的形象就是自体客体。逐渐地，还有其他对你重要且影响你的人、事、物。简单来说，自体客体就是对他人的理想化，也就是"我理想中的别人"，再直白些就是，TA 不是 TA，TA 是我理想的 TA。

作为"自体客体",偶像的力量能帮助我们发展自我。比如,曾经有一位同学跟我说,她的偶像是谷爱凌。

理由是她想和谷爱凌一样,既能有自己的爱好,又能在自己热爱的领域里取得优异的成绩,每当她陷入学习压力中,感觉自己撑不下去的时候,就去翻看谷爱凌的工作、生活视频,听听她的演讲,想象谷爱凌可能会怎样鼓励和开导自己。然后,她再次回到学习中来。这就是一个人有能力把偶像变成自体客体来应对困境的意义所在。

我想以上是你追星的一个深层次心理原因。另外,追星也讲圈子,大家彼此热切地讨论自己喜爱的偶像,相互分享,也算是一种抱团吧。喜欢同一个偶像,营造出彼此间熟悉、喜爱的话题,这样的小团体给大家提供了亲密的友谊。从这个角度看,追星团体满足了你在现实生活中无法被满足的社交需要和归属感的需求。

以上我们梳理了你追星的心理需求和自我意识的形成,可是现在你意识到,你的行为和需求并不能被父母理解,怎么办呢?下面我给你讲一个故事吧。

从前,有一只母鸭下了四个蛋。孵蛋时,狐狸把母鸭吃了,但没吃掉鸭蛋就跑了,于是,四个鸭蛋被遗弃在窝里。

一只母鸡经过，发现了这个被遗弃的窝。于是，它本能地坐到了蛋上，开始孵蛋。不久后，小鸭子们出生了。它们把母鸡误认为妈妈，母鸡把小鸭子们带回了农场。

每天早晨，小鸭子们努力学着鸡妈妈的样子刨土，但是它们无论怎么努力，都没法儿从土里刨出一条小虫，小鸭子们很懊恼。

一个下午，母鸡带小鸭子去散步，走到湖边，小鸭子们看见水，一头扎进湖里，好像是件特别自然的事。母鸡绝望地大叫，求它们赶紧上岸。可小鸭子们快活地游来游去，母鸡则急得上蹿下跳，生怕它们淹死。

公鸡闻声赶来，生气地说道："这些小家伙，太年轻，太鲁莽了，早晚要出事的。"这时，一只小鸭子听到公鸡的话，游到岸边说："爸爸妈妈，不要因为你们自己能力有限，就来指责我们，我们和你们不一样。"

不知道听完这个故事，你会有什么感受。其实，故事里的母鸡没有错，公鸡也没错，也别觉得小鸭子们傲慢不逊。它们都没错，只是它们所处的位置不同，看待事情的角度不同罢了。

对于许多年轻人来说，新颖、有趣的活动不仅仅是把自己装扮一番，做个"崭新"的自己。就像故事里的小鸭子们擅长游泳，但不擅长刨土，用适合自己的方式去探索这个世界才是最优解，就像你染发也好、cosplay也罢，都是一种自我突破，往自己喜欢的地方去，是一种探索和冒险。

当然，也许你此时的内心需求，父母无法一下子全然理解。让父母了解你所面临的困难，是需要一些时间的，毕竟父母和你成长的时代大不相同，他们青春期所经历的文化背景也与你截然不同，或许他们并不知道你正在经历的困难和渴望。

其实父母看似是在要求你重视学习和成绩，实际是希望你未来的人生更加宽广，而不是输在一纸文凭上。你过去追星的时候，成绩一直都没有落下，父母也就没有多管。渐渐地，当你的成绩下降时，父母开始阻拦，其实他们就像故事中的鸡爸爸和鸡妈妈一样，担心孩子的健康和安全。所以，在我看来，如果让他们了解到你追星是有自己的"界限"和"底线"的，并且能够和父母沟通好此事，那么相信父母是愿意理解且尊重你的。在这之前，不妨先问问自己以下几个问题：

我是否不惜重金，花很多钱购买偶像专辑或周边产品，导致消费过度？

我是否在偶像身上花费了过多的时间和精力，以至于影响到自己目前的学业和生活？

我是否因为沉迷追星和社交网络而导致和周围的人关系变得紧张了？

这些问题可以帮助你厘清自己对追星、染发、cosplay

这些行为所注入的情感意义，这些经历都是为了完成自我探索，成为更好的自己，而不是沉溺其中无法自拔。因而，你需要一些理性的角度拓宽自己的视角，弄清楚自己的行为是否偏离了初衷。

此外，也不妨用下面几种方式去和父母沟通：

一、试着从父母的角度去看待这件事情

尝试从父母的角度去理解他们说出"不行"的原因，从而寻找合理说服他们的理由。比如，你希望父母同意你在周末和同学去参加cosplay活动。那么，首先要知道父母最关心的问题是什么？只有知道父母的想法，才能有针对性地说服他们。你可以直接告知他们："我和同学一起参加周末的活动，我会尽量在几点前回家，如果要晚回来，我会提前告诉你们去哪里，给你们报平安。"这样，父母可能就没那么担心了。

二、用"我"作为表达的开始

说出你很在意的问题，比如，"我感到这样对我很不公平"或者"我感觉你们没有理解我的需要"。尽量避免用"你"作为表达的开始，比如，"你对我不公平"或者"你不能理解我"等，避免用指责的方式去沟通。

父母的观点，你可能有不认同的地方，毕竟两代人成长的时代不一样。不过在某些话题上不妨听听父母的意见，如着装、交朋友等敏感话题，这些方面对你的人身安全来说，还是很重要的。尊重是相互的，父母并不是天生就会理解且满足孩子所有要求，既然你希望自己被当作一个独立的个体，得到应有的尊重，那你也要尊重父母和你的不同。

三、有不同意见时，尽量避免在情绪失控状态下谈论问题

当你意识到自己情绪失控时，要告知父母"我现在心情不好，暂时不想谈论这些事情"，让父母给你时间调整情绪，当你准备好了再和父母沟通。父母看到你的状态不好，会很担心你，同时他们又不能及时了解你的想法和需要，关心则乱，所以，不要在情绪失控下谈论这些话题。

希望你慢慢去体会成长带来的力量和父母的苦心，利用这些机会进行自我探索。也希望追星能带给你成长的力量，带着这些能量去克服生活和学习中的困难，发展出良好的人际关系，成长为更好的自己。

（文 / 张思娜）

16
我长得太矮好心酸，怎么改变？

老师：

　　您好！我是一个男生，现在读高中了，个子很矮，亲戚朋友经常会说起这个话题，虽然有时候知道是玩笑，但心口还是像被扎了一下。我总感觉自己真的低人一等，莫名自卑，害怕别人异样的眼神。每次排队不得不站第一排，感觉所有人都在看自己，很没安全感。别人步子迈大了，自己就跟不上，得小跑才能跟上。周围的人也经常讨论身高，一说起来，就会说到我，我真的对自己的身高很自卑，应该怎么办？

渴望长高的同学

同学：

你好！

当人们谈论起身高问题，你也许表面上看起来无所谓，内心却想逃离这尴尬的境地，把自己封闭起来。这种内心的撕扯确实不好受。

首先，我想告诉你，十几岁的年纪，对自己的外在形象格外关注，这是很正常的。

每个年轻人都曾在镜子面前反复端详自己。他们会格外纠结自己的单眼皮、厚嘴唇，觉得大腿好粗、皮肤不够白，并为此沮丧不已，甚至生出自卑。悄悄告诉你：这个年龄段，很少有人对自己的外形完全满意。

为什么青少年会对相貌如此关注呢？对形象的格外关注，隐含着自我同一性的人生课题。

所谓自我同一性，就是开始思考"我是怎样的一个人？我好看吗？我优秀吗？我受欢迎吗？我有价值吗？"十几岁的青少年，开始尝试回答这些问题，又在不断质疑和更新自己的回答。相貌身高、人际关系、学习成绩，都是自我同一性的主战场，青少年会特别在意这些领域。

这个阶段充满了混乱、迷茫和沮丧。但这是人生的必经之路——只有经过混乱，才会走向整合，才会逐渐明晰一个独立、独特的自我。

所以，正在读高中的你有这个苦恼，是成长中的正常现象。不要觉得只是因为自己个子矮才会如此苦恼，你的同龄人都在经历着一场悄无声息的内在战争，只不过战场各不相同。你可以仔细观察周围的同学，是不是有人因为身材胖而烦恼，从不敢穿紧身的衣服，有人因为牙齿不整齐而不敢开口大笑，还有人因为脸上的青春痘而自卑至极……

你可能会说：知道这些又如何，我还是很苦恼啊。接下来，让我们具体分析一下你的苦恼。

我想请你思考一个问题：个子高对你来说，意味着什么？

我想，你的回答可能在这其中：男生个子高，意味着会更受欢迎，更受重视，会被女生喜欢，可能求职也会更顺利，人生更幸福……

让我来翻译一下：你非常希望自己有吸引力，希望得到别人的认可和欣赏，希望自己优秀且成功。

有这样的愿望，说明你对自己是有要求、有期待的，有一颗积极进取的心，这非常棒。

但同时，因为总是把目光聚焦在身高上，你也许无意中窄化了认知，放大了身高的重要性——把身高和优秀等同起来了。

确实，男生高大帅气，这些外在形象确实会给人加分，但身高不等于优秀。反过来，优秀也不意味着高大帅气。

关于这一点，你肯定知道很多例证：列宁、邓小平、爱因斯坦、梅西……这些人都不高大，但他们的品性、才能、人格魅力让他们为世人所称道。

通往优秀的道路很宽阔，身高问题可能是道路中的一块石头，但当我们眼中只有它，就把它变成了一块巨石，严严实实挡住了去路。

如何把巨石变回普通的石头呢？

刚才我们说过，外在形象是构建自我同一性的重要部分。除此之外，自我的建立还有一个更重要的维度，就是内在层面，即一个人的三观、性格品质、修养才华等。

这些内在素质，是一个人自我价值感更稳定的核心，会造就你独特的人格魅力，让你的人生之路走得更远更稳。

高大帅气会让人愿意接近你，但你的内涵和修养会让人更愿意留在你身边。就像网上流传的那句话："始于颜值，敬于才华，合于性格，久于善良，终于人品。"

当你破除了内心的认知障碍，努力提升自己的素养和能力，身高问题就恢复了它的本来模样，只是人生道路上的一块普通石头——可能会磕绊到自己，但不会挡住去路。

如果请你用至少5个词或短语来形容自己，你会想到哪些词呢？

这个问题看上去挺简单，但值得认真想一想，当你写出这些描述自己的词，你也许会有些惊奇地发现，原来你是这样看待自己的。

我是一个_____的人。

当然，路上有石头确实令人不爽，谁都希望自己的人生是一条坦途。这就涉及另一个话题：如何面对不完美。也许，身高问题，就是你拿到的试卷。

你也许会有几分不甘心：为什么偏偏是身高问题？为什么这么早我就要面对这门功课？没有几个人能心平气和地接受不完美，起初都会有愤怒、委屈和抗争，会选择逃避、否认、躺平，甚至自暴自弃。

但最终，还是会有一些人，一番挣扎后，选择了直面不完美——不逃避，不否认，接纳了事实就是这个样子。然后，在这个基础上，看看自己可以做些什么。

最终，与不完美达成和解。这个和解，不是认输，更不是无视，而是学会了与之相处，带着不完美一起前行，活出别样的精彩。

说到这里，我想到一个和你有同样遗憾的人。

篮球赛场应该是世界上最看重身高的地方。NBA里，大鲨鱼奥尼尔、飞人乔丹等球员，几乎个个身高2米。但是，NBA也有身高不到1.7米的小个子。最矮的是博格斯，身高只有1.6米。虽然身高是劣势，但博格斯凭借着超快的速度、超强的判断力以及很少的失误，在球场叱咤14年，被媒体评为NBA表现最杰出的后卫之一。

博格斯对自己的身高肯定有遗憾，但他并没有止步于遗憾，而是为了自己的理想付出更多的努力。因为个头儿矮，更为灵活，他运球的失误率很低，生生把劣势转化成了自己的特色。

普通人可能做不到博格斯那么出色，但我们可以练出健壮的体形，可以衣着整洁，可以学识丰富，谈吐有趣，可以待人温和，心地良善。

不完美确实令人遗憾，但一味沉浸在遗憾中，才是人生最大的遗憾。

试着接纳自己的不完美，进而生长出更多可能性，我们会看到别样的风景，让生命的底蕴变得更深厚、更宽广、更有韧性。

也许，这就是不完美带给你的独特礼物。

最后，可以想象一下，如果没有身高这个遗憾，你会怎样生活，想得越具体越好，去找到那种身临其境的感觉，感受自己自信、挺拔的状态。然后，带着这种感觉和状态去说话、去做事。

一开始，你可能不太习惯。没关系，多练习几次，给自己积极的暗示，尝试找到那种感觉。当你把这种状态一点点活出来，你会发现，你的生活真的开始有些不一样了。

其实，当你决定写这封信，愿意为自己的困扰做点儿什么时，你的"奇迹"已经在悄悄发生了。

（文 / 凌想）

17
我真的患了"提前症"吗？

老师：

　　您好！

　　我觉得我患了"提前症"。10岁那年，暑假出去游学，担心自己早上起不来，到晚上12点给妈妈打电话确认电话手表是否定了起床闹钟。每天上学6:40起床合适，但我会把闹钟定成6点响。如果晚上作业还剩一点没完成，我就要早上5:30起来补，其实只需20分钟就能搞定，但我会提前一小时起来赶作业。如果家长说我不用起那么早，我还会发脾气。父母总说我有问题，我是真的有问题吗？

　　　　　　　　　　　　　　爱提前的同学

同学：

你好！

看到你说的"提前症"的情况，作为一个间歇性患有"提前症"和"拖延症"的我，对你的遭遇深有同感。首先要说的是，我并不认为"提前症"是一种病，只是人的一种习惯而已，很多人都有，也很正常，所以，我用引号引起来。

跟你的情况类似，我上学的时候也习惯性把闹钟定得很早，生怕上学迟到被老师批评。如果第二天一早要做值日，我必须定两个闹钟，还要跟妈妈确认，万一醒不来一定要记得叫我，我才能放心睡觉。

这个习惯后来还是改掉了，是怎么回事呢？高中开始我就住校了，如果我把闹钟定得太早，室友会有意见。我只能忍了。后来一想，反正大家都在一块睡觉，总不会都起来晚了吧？逐渐地，我对闹钟的依赖就越来越少了。不知道你有没有住集体宿舍，如果将来住校了，不妨把自己交给室友，试着在随大溜儿中放飞自我，何乐而不为呢？

那么，什么叫"提前症"呢？顾名思义，就是凡事都想尽早完成。其表现形式除了你我所说的情况，还有以下一些：秒回微信，赴约从不迟到，考试不管对错先迅速做完再说，一项任务越提前完成越开心，离家老远就拿出开门的钥匙，不能忍受无计划的出行，等等。

说实话，我曾经也被这些习惯困扰：一方面，要"提前"就会耗费更多的时间和精力；另一方面，会让别人对我"另眼相看"，有同学就曾跟我说过："你这样到底累不累？"

其实，我因为"提前症"也获益很多。比如，上学期间，我放学之后都是先做作业后玩耍；工作的时候，领导交代的事情，我都会在第一时间完成；出行之前，我总会提前做好攻略，把一切安排妥当。于是，我常常被老师、父母、领导表扬，觉得我可靠、踏实、效率高。相应地，他们就会对我很放心，在我的学习、工作、生活等方面不会干涉过多，这样，我反而有了更多自由发挥的空间。

我想这些好处，估计你也多少有所体验吧。你父母的出发点可能跟你不一样，他们关心的是你的身体，觉得你本可以多睡一会儿，不然会影响你的睡眠和身体健康。实际上，如果你不这样，会更难受，反而睡不好，对不对？

那么，为什么有些人喜欢提前呢？根据我的观察，喜欢提前的人一般有以下三种想法：第一是觉得做完了就不会老想着了，而实际上，有时做完了还是会去琢磨做的事有没有疏漏；第二是完成任务本身就让人舒坦，会有一种掌控感和成就感，但实际上为了完成这些任务自己付出了更多；第三是提前完成了就会得到别人的认可和表扬，但我们做事难道仅仅是为了得到表扬吗？

知识便利贴

什么是掌控感？

掌控感，即个人感受到能够影响及管理自己生活中的事件和环境的能力。在心理学领域，这种感觉通常被认为是一种重要的心理需求，对于青少年的发展尤其关键。

掌控感的建立对于形成健康的自尊心和自我效能感至关重要。如果青少年拥有较高的掌控感，他们更有可能相信自己能够克服困难，实现目标。

写到这里，我想起了很多"大忙人"常说的一句话：等忙完这一阵，就可以休息了。但这是一种不切实际的幻想，现实却是忙完这一阵，还有的忙，忙忙碌碌，无穷尽也。你看，习惯提前的人，总希望有"阶段性的胜利"，但迎来的却是下一个更大的挑战、更多的焦虑。

如果你要问我怎么消除"提前症"，说实话，没有什么切实有效的办法，但如果你因此而觉得痛苦和困扰，有以下几个建议供你参考：

在思想上，要真正意识到"人非圣贤，孰能无过"。出几次错误，后果真的像你想象得那么严重吗？

在行动上，试着去体验一下某一件事不提前、随大溜儿甚至拖一拖的感受。当你放慢节奏，觉察一下自己的身体和心情，再看一看周边的人、事、景，或许会收获不一样的惊喜。

在目标上，要听从内心的感受。如果你觉得提前本身并不会让人感到痛苦，反而不提前会不舒服，只要不给别人带来困扰，那就继续提前。至于他人的意见看法，那是他们的，不是我的，何况这又不是原则性的问题，我为什么一定要在意和听从呢？

最后，根据我自己的体验和观察，我发现很多人在一些事情上总想提前，而在另一些事情上总想拖延。就像我一样，你要让我写一篇文章，我会三下五除二很快完成，但要让我准备一个授课提纲去讲课，不到最后一刻，我绝不会动笔。你也可以反省一下，在时间管理上你习惯性总想提前，但有没有不想提前的地方呢？有没有对某些人或事总想逃避而不想去干呢？其实，我们每一个人都有"提前"或者"拖延"的习惯，只是因人而异、因时而异、因事而异。

因此，我们不要过多地在意"提前"或者"拖延"，也不要试图去完全消除那些不可能消除的担忧和焦虑，我们要做的就是不要被这些担忧和焦虑所控制、所淹没。

如果你觉得"提前"不好，那就适当往回调一调；如果你想体验一把"准时"或"拖延"的"乐趣"，不妨大胆去试一试。一个基本要求是：掌握一个度，不能矫枉过正,走向另一个极端;一个基本的原则是:听从自己内心的声音,允许和接纳自己的不足,不做"别人家的孩子",勇敢做自己。

(文/王琪)

18
总忍不住买买买，怎么办？

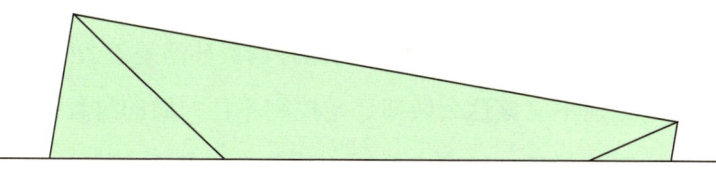

老师：

您好！

我是一个高中生，最近陷入了消费冲动里无法自拔。双十一买了一大堆东西，却好像都填不满自己的内心；另外，又觉得拿着父母给的生活费买各种昂贵又非必要的物品很内疚。可是一打开手机面对各种诱人的广告，还是想要买买买。看到各种消费贷的可怕故事觉得搞不好哪天自己也会陷进去，很害怕。我该怎样才能克制自己的消费冲动呢？

吃土少女

吃土少女：

你好。

我为你对自己的清醒觉察、主动求助感到高兴。有问题不可怕，可怕的是压根儿意识不到这是问题。只有当我们意识到这是问题的时候，我们才有可能解决这个问题。

首先，我们来看看你说的这种消费冲动是怎么回事。明明知道不应该这么做却还是控制不住，做的过程很过瘾、有愉悦感，结束之后面对难以收拾的后果又后悔、内疚，这种行为可以称之为"上瘾"。

如果你喜欢购物，买的是需要的东西，也没有超出家庭的经济能力和可支配的数额，丰富的物质让你更能发现生活的广袤，让你对未来的生活有了更多好奇、探索的欲望及美好的憧憬，即使你买得比别人多、比别人勤，那也够不上上瘾。

但如果只是购物的时候爽，买回来的东西又觉得用不上，还要断舍离，看看钱包又痛心疾首"完了，这个月又得榨菜就稀饭了"，看到父母辛苦工作、省吃俭用，更觉得自己像个罪人，那这就可以算是上瘾了——除了购物的一刹那给自己带来了一点点快感，剩余的绝大部分时间都在悔恨、害怕、内疚中，甚至开始怀疑自己，逐渐陷自己于一种无力、沮丧、自责等自我效能低下的沼泽之中。

其实，生活里我们可以见到很多上瘾行为。物质依赖，比如酒瘾等；行为依赖，比如，熬夜、玩游戏、赌博、购物、上网等。其实，需要某些物质、喜欢某些行为本身都是没有问题的(当然毒品除外)，但当过度依赖它们、想放弃又控制不住，给我们的生活和健康带来损害时，就需要警惕了。

人为什么会上瘾呢？我们的大脑中有一个奖励回路，在自然状态下，获得奖励需要付出时间和努力，就像走上坡路一样是有一些主动的、吃力的付出感的。比如，读完一本有些费脑的书，跑完第一个5公里，此时大脑中的奖励回路就被激活，一种叫多巴胺的神经递质被释放出来，使我们感受到快乐。可是，当有一些活动能够降低我们获得多巴胺的成本，当我们有途径可以不那么费力地获得快乐的时候，生命趋乐避苦的本能，就会让我们越来越多地去依赖这些途径。

知识便利贴

什么是多巴胺?

多巴胺是大脑内的一种神经递质,它有两条回路,一条是奖励回路,而另一条是控制回路。

科学家做过一个猴子吃东西的实验,灯一亮,就给猴子食物,经检测,猴子一吃食物马上就分泌了多巴胺。但当科学家把亮灯和放食物发生的时间分开时,就会发现,猴子只要看到灯亮,多巴胺就已经分泌了,等待的过程中就会持续地分泌多巴胺。而在吃食物的过程中,并不会分泌。

所以,多巴胺的分泌是来自对预期的兴奋反应,而不是真正拥有之后的享受反应。这也能解释为什么购物时往往在挑选、加购物车、下单的时候感觉开心,而买到手之后反而就淡忘了,甚至后悔了。

那多巴胺是不是就不好呢？也不是，除了奖励回路，它还有一条控制回路。它会让我们更理性，能让我们为了更长远的目标遏制住当下的冲动、忍耐当下的困难，在更远的将来获得满足，换句话说，让我们更自律。

两组老鼠，给它们减重15%，让它们保持饥饿的感觉。其中一组破坏了分泌多巴胺的细胞，另一组正常。实验开始后，老鼠们可以通过按压杠杆获得食物。

科学家们会发现，当所需按压杠杆的次数变多、得到食物概率变低的时候，缺乏多巴胺的老鼠后面就躺平了、放弃了，而正常的老鼠则难度越大、按压得越疯狂，激发出了强大潜力。

所以，也可以说，是多巴胺驱动了我们更努力，让我们拥有了坚忍不拔的品质。

但控制回路的所属脑区在额叶，它在20岁出头的时候，才会发育完全。所以，这也是为什么上瘾在青少年中频发的原因。

问题的关键在于，购物本是为了让生活正常运行，网购本是为了更省钱、更省时间，它们是为我们服务的，什么时候开始我们和购物的关系颠倒过来了，你放弃了自主性，而把自己投到了商家设计的游戏里，乖乖掏出兜里的生活费，获得短暂的多巴胺呢？

来信里你说最近陷入了消费冲动里，我猜想，最近你是否遇到了一些麻烦难以解决？或者因为某些原因，你难以从以往感到快乐的事情里继续获得快乐，所以只能退而求其次，花钱买开心？在此，我有几个对策供你参考。

首先，针对你当下遇到的实际困难，寻求多方支持。可能真正困扰你的是学业问题，或者人际交往问题，购物只是逃避这些问题的一种手段。你需要静下来想一想，然后去解决真正的问题。如果这部分困难得到解决，你过去正常的状态慢慢恢复回来后，就不需要把自己投到购物中获取快乐了。

其次，拓展自己的兴趣。多发展一些健康的、可持续获得快乐的途径，比如运动、阅读、多参加一些集体活动之类的，或者培养一些自娱自乐的小兴趣，比如涂鸦画画、手工制作、听音乐等。不管你找到的方法是什么，重点在于这些娱乐的方式是为我服务，为我所用，而不能反过来。一旦反过来，任何事情都会让我们陷入成瘾的旋涡中去。

最后，你花钱的方式也可以做一些改变。现在网络支付、移动支付太过便捷，而现金消费，花出去一张就少一张，这个变化的过程让你能清晰地感觉到钱在一点一点离开你。所以，你可以尝试用现金消费、去实体店消费，帮助自己降低消费的欲望。这个过程也是一个延迟满足的过程，延迟满足的习惯我们不光在小时候要培养，长大后依然可以继续培养，这有利于自控性的锻炼和自律性的养成。

另外，你也可以试着卸载网购软件，减少使用手机的时间，拉远和网络的距离。把更多的精力投入现实的生活里。

好了，以上就是我对你来信的一些猜想与思考。你可以花点时间回顾一下自己这段时间的经历与状态，不知道和我的猜想有多少符合，看看能不能做出一些调整。祝你早日走出消费冲动误区！

（文 / 刘金晶）

19
为什么别人都有梦想，而我却这么迷茫？

老师：

　　您好！

　　我上高三了，明年即将参加高考，但我依然没有明确的方向，没有理想的学校，没有期望的职业，不知道何去何从。我一直是"一条没有梦想的咸鱼"，对未来很迷惘，或者说不知道自己的爱好和兴趣在哪里。我好像被培养成了所谓的"小镇做题家"，只会做题，没有特长，没有爱好，是流水线上被生产出来的和其他螺丝一模一样的螺丝。我想活出自我，想找到自己，但又无从下手。

　　　　　　　　　　　　　　一条没有梦想的咸鱼

一条没有梦想的咸鱼：

你好！

你能在硝烟弥漫的高三给我写这样一封信，我的判断是：你不是一条咸鱼。咸鱼没有思想，对自己的处境没有觉知。你有。尽管身处刷不完的题山卷海里，你的感觉系统仍然敏捷得如同水生动物一触即发的触角，你对自己此时此刻的生命状态有清晰的感知，正因为有感知有判断，才有迷茫有困惑。我认为这是一件好事。青春总是伴随着一定程度的迷茫，就像成长总是伴随着一些不太舒服的疼痛。

很多年前，当我还是你这个年龄的时候，我曾经拜访过一位长者，那时我的前途一片灰暗，求学无门，求职受阻，长者了解了我的情况后说了这么一句话："在你这个年龄，如果没有什么想法的话，就只有普通农妇的结局了。"这句话我一直记到现在。我意识到想法的重要性。

在睡不着的夜晚，我问自己：你有想法吗？回答是：我有。那会儿我有两个想法：一，我要找份工作，养活自己，实现独立；二，但凡有一点可能，我就要靠近文学，最好能从事与文字有关的工作，这是我的理想生活。那会儿，我已经意识到我和其他同龄人有些许的不同。早在小学阶段，我就特别喜欢作文课，每次老师布置作文，我就很开心，我经常写出范文让老师当众朗读，别的同学对作文深恶痛绝，而我总是能够轻松愉快地完成。这件事情让我觉得我在这方面有一定天赋。我就像落水的人抓住救命稻草一样拼命抓住这束希望的微光。我找到了工作，实现了独立，然后利用业余时间读书写作，发表了很多文章，然后被杂志社破格录用为编辑，顺着当时的想法，我一路走到了现在。

一个人要怎么做才能找到自己、活出自己？首要的功课，需要持续不断地保持对自己的观察。我做什么事情更擅长、更快乐？什么事情让我痛不欲生、不能忍受？这是两种完全不同的生命体验，前者会带来愉悦和幸福感，后者让生活变得艰难，我们要学会辨识它们的不同之处。当我们选择专业和规划未来的职业时，应尽可能选择自己感兴趣的领域，我们的激情会因此得到调动，也容易持久和出成绩。

另外一个，就是要有丰富的生活体验。沈从文小时候经常在街上溜达，看铁匠打铁，看人杀猪，看得津津有味，他后来成为著名作家。梵高奶奶在70岁前一直生活在河南农村，不识字也没什么文化，因为老伴去世，腿脚不便的她被二儿子接到了广州，一个偶然的机会，她拿起小孙女的蜡笔，向小孙女描绘河南农村丰富多彩的生活，这些随心所欲、五彩斑斓的画作吸引了儿子儿媳的关注，他们把这些画发到网上，梵高奶奶成为一位画家。梵高奶奶是在来广州之后才成为画家的吗？我认为不是，是很早很早以前，她在河南农村度过的漫长的岁月，美丽的乡村景象，欢快的小鸟和各种动物，和乡邻一起劳动的场景，这些来自生活的积淀，大自然日复一日的美对她的熏陶，是这些，让她具备了成为一个画家的可能——兴趣是在适当闲适的环境下才会盛开的花，生活是一个孕育无数可能的宝库。扎根生活吧，从最寻常的一饭一蔬，从身边的一草一木开始。高三也需要放松，偶尔去看个电影，在图书馆里溜达半天，去公园散散步，告诉自己，你不是一个枯燥的学习机器，你是一个人，一个不管在什么样的处境下，都有感性的饱满的生活的人。适当的悠闲不会影响你的成绩，相反，它会提高你的学习效率，甚至有可能无心插柳，播下一些新的种子，在未来的路上开花结果。

如果有可能，我建议你找喜欢的老师聊聊。老师阅人无数，他们同时面对的是很多个学生，哪个学生有什么特别之处，一下子就能看出来，他们的建议也许能给你一些启发——我的女儿桔子，就因为幼儿园老师在做操时发现她学动作又快又好，建议她去学跳舞，桔子最终走进了舞校。

最后，请相信你的想象力。发现自己和成为自己是一条漫长的路，有人出发得早一点，有人出发得晚一点，出发时间不重要，重要的是在有限的一生里找到自己、成为自己。在你这个年龄，很多大人物还处在一片混沌之中。如果在高考前还没有找到自己的目标，不要慌不要急，做好眼下的事情，相信在无数个专业里，总有一个，让你产生想要探索的欲望，相信在无数个城市里，总有一个，让你心生向往。请相信未来，相信18岁就有清醒的觉知意识的自己，在未来会把你带到人生的开阔地。

人生有无限可能。偶尔碰到一个睡不着的夜晚，索性不睡，去想想，这一生我究竟要如何度过。

你不是一条咸鱼。你有以我的想象力暂时无法描述的所有可能。若干年后,如果有可能,请你告诉我,你成为了什么样的人,我对此充满期待。

祝你高考顺利!天天开心!

(文/汤馨敏)

20
遇到这种情况，我们该怎么办？

老师：

　　您好！

　　我想了很久，还是决定说出来。我是一名女高中生，现在很抗拒和异性相处，因为我初中时遭遇过性骚扰。一次是过年在老家，有个伯伯捏我的脸，拍我的屁股，夸我长得漂亮，还说"现在女孩子发育得好"，我觉得十分尴尬，找借口溜出去了。当时我还不确定这是不是性骚扰，所以谁也不敢告诉。后来我看了书，查了网络资料，才知道这是性骚扰。还有一次是在公交车上，有个男的一直盯着我，老故意撞我，吓得我赶紧躲开。现在想起来还是觉得很恶心、很害怕。我抵触和异性相处，很怕再遇到类似的事情，但我不敢告诉别人，可以把这里当成树洞吗？

秘密

同学：

你好！

听到你的遭遇，我想起类似的新闻和身边人的经历，心头沉甸甸的。你背负这个心理包袱这么久，独自疗愈着伤痛，太让人心疼了。感谢你信任而坚强的分享，我也希望接下来的建议能够帮到你。

你暂时抵触和异性相处，是一种身心保护机制在起作用，或许随着时光流转，你的人生阅历更加丰富后，你会慢慢掌握与不同异性相处的界限。但如何防范性骚扰非常重要，你的遭遇并不是个例。

性骚扰是指为满足个人欲望，在违背当事人意愿的情况下，对当事人实施带有性暗示的语言、动作、文字、图像等形式的侵权举动，引发当事人的不悦，甚至造成精神损害。比如，有的女孩说小时候被陌生男士掀开裙子；有的女生在网上收到裸露私密部位的照片；还有的女生听到男士总开黄色玩笑，让她很不舒服。这些都是性骚扰。

知识便利贴

怎么判断是否违背他人意愿？

一些人为自己性骚扰行为辩护常用的借口——"我只是为了表达好感""我被吸引而情不自禁""我以为我们之间存在亲密关系"。

有些受害者也因为弄不清二者的界限陷入困惑当中——"他可能只是因为喜欢我"。

性骚扰与普通的表达好感的本质区别在于，是否违背当事人的意愿。

而这时候怎么判定是否违背他人意愿呢？要以受害者的感受为准。即无论加害方是怎样的企图，只要受害者认为是不受欢迎的，它就是不受欢迎的。受害者即使没有用语言表达出来，用身体发出了拒绝信号也代表不欢迎、不接受。举个例子，若有人向你表明好感，但你已明确拒绝，他却仍穷追不舍。那么，这是专一、执着，还是性骚扰？这是性骚扰。对方已明确拒绝，若不适可而止，就是违背对方意愿。

无论是男性还是女性，无论是成年人还是未成年人，都有可能遭遇性骚扰。性骚扰可能来自陌生人，也可能来自熟悉的人；可能发生在公共场所，也可能发生在家里。我们要如何防范和应对性骚扰呢？

首先，慎重表明立场。性骚扰是故意为之的行为，所以要先确定对方是否有意实施骚扰。如在人多拥挤的场所，陌生人有可能无意中触碰到他人的敏感部位，如果当事人已用躲开、呵斥等方式表示抗拒后，陌生人仍再次触碰，很可能就是性骚扰行为。比如，你曾在公交车上遭遇陌生男性反复故意撞你，你的感受是正确的。在确认受到性骚扰后，可以先通过深呼吸等方式让自己保持冷静，然后明确地表达自己的态度。

在方式上，可以是简单直接的"走开"，提醒对方注意边界，提示对方"请你自重"；在音调上，要大声且坚定；行为上，可以怒视、躲开、求助身边可靠的人。但需要注意，如果身边无人，骚扰者又具有攻击性的情况下，受害者不宜激怒骚扰者，要随机应变，如先假意安抚，再伺机逃跑。如果身边有其他人，可以借助他们的力量，比如，找某个看起来可靠的人求救："叔叔，请帮我制止他。"

其次，主动避开加害者。如果有熟悉的人曾对你尝试或实施过性骚扰行为，要注意疏远。尤其是曾使用过性暗示内容的人，比如询问、评论过性生理状况，展示过性相关的图片等，要远离这类人群。如果无法避免接触，尽量携伴同行，或者避免两人同处密闭空间。当他人的言行具有性意味、让人不舒服时，很可能是一种试探，当发现你没有明确拒绝时，对方可能会变本加厉，所以要提高警惕。

必要时勇敢求助。国内研究发现，经历性骚扰后，56%的受访者没有向他人诉说或求助。遭遇性骚扰的受害者不仅受到身心的煎熬，有些情况下，遭遇熟人性骚扰时，囿于权力关系，受害者不仅不敢拒绝，还要隐忍甚至强颜欢笑。

我的一位同学曾跟我倾诉，小时候性骚扰她的亲戚对她家有经济支持，她不敢声张，默默忍受。直到成年有了稳定工作后，她才和父母谈起这段被性骚扰的过往。她的父母对此一无所知，对她无比歉疚。所幸她幼时的伤已慢慢愈合，但如果当初可以和父母或亲密的人说一说，一起面对，总比一个人默默承受压力好很多。

即使无法向身边人开口倾诉，也可以找个安全的树洞宣泄情绪，或者看类似事情的其他经历者都是怎样走出困境的。其实不管事情是否解决，我们都可以向信任的人求助，而倾诉本身也是一种简单有效的情绪舒缓策略。此外，运用法律武器保障自己是我们应有的权利，受害者也可以选择报警处理，让性骚扰者接受法律的制裁。但要注意记录事情发生的时间、地点、对方的言行，并保留好证据。

最后，不要为他人的过错而自责。经历性骚扰的受害者，不仅会因为事件本身遭受创伤，还会因为周围人的态度而遭受二次伤害。这种经历总伴随着难以启齿的羞耻感和罪恶感，而受害者还可能被污名化，"受害者有罪论"常令受害者深陷自责的负面情绪中，更不敢求助。

请记住，遭遇性骚扰不是你的错，真正应该被谴责和制裁的是实施性骚扰的人。如果受害者遭遇性骚扰后长时间沉浸在自我怀疑、自我否定和自我贬损之中,并且引发了躯体、睡眠、人际关系等方面的问题,影响了正常的生活,需要尽快寻求心理医生的专业帮助。

上述性骚扰防范与应对策略,希望你可以在脑海里像"过电影"一样多演练几次,愿我们每个人都有备无患。

史铁生在《记忆与印象》里曾说:"一颗距离我们数十万光年的星星实际早已熄灭,它却正在我们的视野里度着它的青年时光。"人生路上有很多挑战,甚至可能出现劫难,但当我们退后一点,抬起头,从更广阔的视角看待这件事,就会发现它不会掩盖你的锋芒,你可以平稳坦荡地继续向前,继续发光。

(文 / 黄彬彬)

— 全文完 —

成长的烦恼，跟心理老师聊聊：情绪篇

编著 _ 青年文摘杂志社

编辑 _ 秦思　　装帧设计 _ 何月婷　　主管 _ 韩栋娟
技术编辑 _ 陈皮　　责任印制 _ 刘淼　　出品人 _ 李静

果麦
www.goldmye.com

以 微 小 的 力 量 推 动 文 明

图书在版编目（CIP）数据

成长的烦恼，跟心理老师聊聊. 情绪篇 / 青年文摘杂志社编著. -- 北京：中国青年出版社, 2025.5.
ISBN 978-7-5153-7733-9

Ⅰ. G444

中国国家版本馆CIP数据核字第2025BW8346号

出版人：张健为

策划：吕通义　付　江　杨润秋

编著：青年文摘杂志社

责任编辑：周　玲　刘　冉

出版发行：中国青年出版社

社址：北京市东城区东四十二条21号

网址：www.cyp.com.cn

青年文摘编辑部电话：010-64465226

印刷：北京盛通印刷股份有限公司

规格：145×210mm　1/32

印张：4.75

字数：80千字

版次：2025年5月第1版

印次：2025年5月第1次印刷

定价：35.00元

如有印装质量问题，请凭购书发票与营销部联系调换

联系电话：010-64465228